DES IDÉES
NAPOLÉONIENNES.

PARIS. TYPOGRAPHIE DE HENRI PLON,
IMPRIMEUR DE L'EMPEREUR,
8, RUE GARANCIÈRE.

NAPOLÉON LOUIS BONAPARTE.

DES IDÉES
NAPOLÉONIENNES

PAR LE PRINCE

NAPOLÉON-LOUIS BONAPARTE

Le vieux système est à bout
le nouveau n'est point assis.
(NAPOLÉON.)

PARIS

HENRI PLON, ÉDITEUR   AMYOT, ÉDITEUR

RUE GARANCIÈRE, 8   RUE DE LA PAIX, 8

1860

L'IDÉE NAPOLÉONIENNE.

> « Ce ne sont pas seulement les cendres,
> mais les idées de l'Empereur qu'il faut
> ramener. »

Londres, 1840.

Depuis vingt-cinq ans la France s'épuise en vains efforts pour établir un état de choses durable. Les causes de troubles renaissent sans cesse, et la société ne fait que passer tour à tour d'une agitation fébrile à une apathie léthargique.

Cette instabilité des esprits est commune à toutes les époques de transition, lorsque ceux qui gouvernent abandonnent au hasard des événements le passage d'un ancien système à un nouveau, au lieu de lui imprimer une direction ferme et régulière.

Le grand mouvement de 1789 a eu deux caractères distincts, l'un social, et l'autre politique. La révolution sociale a triomphé malgré nos revers, tandis que la révolution politique a échoué malgré les victoires du peuple. Là est toute la cause du malaise qui nous tourmente.

Lorsqu'au commencement du dix-neuvième siècle apparut la grande figure de Napoléon, la société tout entière prit un nouvel aspect. Les flots populaires s'apaisèrent, les ruines disparurent, et l'on vit avec étonnement l'ordre et la prospérité sortir du même cratère qui les avait momentanément engloutis.

C'est que le grand homme accomplissait pour la France et pour l'Europe le plus grand des problèmes. Il opérait hardiment, mais sans désordre ni excès, la transition entre les anciens et les nouveaux intérêts; il jetait en France les larges fondations qui devaient assurer le triomphe de la révolution sociale et de la révolution politique. Mais à peine l'Empire fut-il tombé que tous les ferments de discorde reparurent; du passé, on vit renaître les prétentions surannées, et avec elles les exagérations révolutionnaires qu'elles avaient produites. Le régime établi en 1800, guidé par un génie supérieur, avait fondé partout des institutions progressives sur des principes d'ordre et d'autorité; mais l'ancien régime se présenta en 1814 et en 1815 sous le masque d'idées libérales. Ce cadavre s'enveloppa de lambeaux aux couleurs nouvelles, et l'on prit le linceul d'un mort pour les langes d'un enfant plein d'avenir.

Ce déguisement produisit dans les esprits une perturbation funeste ; toutes les réputations, tous les drapeaux furent confondus ; on salua du nom de libérateur des peuples l'oppresseur étranger ; on appela brigands les débris glorieux des armées de la République et de l'Empire ; on qualifia du nom de libéraux les admirateurs du système oligarchique de l'Angleterre, tandis que l'on voulut flétrir du nom de partisans de l'absolutisme ceux qui regrettaient le pouvoir tutélaire et démocratique du héros plébéien, qui assurait l'indépendance des peuples et qui était le vrai représentant de notre révolution.

Un jour, nous espérâmes que cet état de déception et d'incertitude avait eu un terme, et que la révolution de 1830 fixerait à jamais les destinées de la France. Vain espoir ! La révolution n'a fait que semer parmi nous plus d'éléments de trouble et de discorde, et il n'existe aujourd'hui que des théories confuses, que des intérêts mesquins, que des passions sordides.

Corruption d'un côté, mensonge de l'autre, et haine partout ; voilà notre état ! Et au milieu de ce chaos d'intelligence et de misère, il semblerait qu'il n'y a plus d'idée assez grande pour qu'elle rallie une majorité, qu'il n'y a plus un homme assez populaire pour qu'il soit la personnification d'un grand intérêt.

Cette subdivision d'opinion, ce manque de grandeur, cette indifférence du peuple, prouvent assez combien toutes les théories mises en avant depuis 1815 étaient insuffisantes pour établir un système et fonder une cause.

La société française n'obéit pas à une impulsion régulière, mais elle cherche une trace à suivre ; elle ne marche pas, elle erre à l'aventure.

Or, à nous qui cherchions et qui errions aussi, un chemin, un guide nous est apparu. Ce guide, c'est l'homme extraordinaire qui, second Josué, arrêta la lumière et fit reculer les ténèbres. Ce chemin, c'est le sillon qu'il creusa d'un bout du monde à l'autre, et qui doit apporter la fertilité et l'abondance.

Dans la route difficile que notre âge doit parcourir, au lieu de prendre comme chefs de doctrine des rhéteurs de collége, il nous semble plus logique de suivre les préceptes et de nous faire les apôtres de l'homme qui fut encore plus grand comme législateur qu'il ne fut redoutable comme capitaine.

Lorsque dans l'histoire des temps passés apparut sur la scène du monde un grand homme qui réfléchissait en lui le double caractère de fondateur et de guerrier, on vit toujours les générations qui le suivirent reprendre après sa mort les institutions qu'il avait sanctionnées, l'allure qu'il avait indiquée.

Pendant des siècles, les peuples des rives du Jourdain ont suivi les lois de Moïse. Les institutions de Mahomet ont fondé cet empire d'Orient, qui résiste encore aujourd'hui à notre civilisation. Malgré le meurtre de César, sa politique et son impulsion ont encore, pendant six cents ans, maintenu l'unité romaine, repoussé les barbares et reculé les limites de l'Empire.

Pendant huit siècles, le système féodal et religieux établi par Charlemagne a gouverné l'Europe, et servi de transition entre la société romaine et celle qui surgit depuis 89. Et nous, qui avons eu dans nos rangs et à notre tête un Moïse, un Mahomet, un César, un Charlemagne, irions-nous chercher autre part que dans ses préceptes un exemple et une synthèse politique ?

Les grands hommes ont cela de commun avec la Divinité, qu'ils ne meurent jamais tout entiers. Leur esprit leur survit, et l'idée napoléonienne a jailli du tombeau de Sainte-Hélène, de même que la morale de l'Évangile s'est élevée triomphante malgré le supplice du Calvaire.

La foi politique, comme la foi religieuse, a eu ses martyrs ; elle aura comme elle ses apôtres, comme elle son empire !

Expliquons en peu de mots ce que nous entendons par l'idée napoléonienne.

De toute convulsion politique jaillit une idée morale, progressive, civilisatrice. L'idée napoléonienne est sortie de la révolution française comme Minerve de la tête de Jupiter : le casque en tête et toute couverte de fer. Elle a combattu pour exister, elle a triomphé pour persuader, elle a succombé pour renaître de ses cendres : imitant en cela un exemple divin !

L'idée napoléonienne consiste à reconstituer la société française bouleversée par cinquante ans de révolution, à concilier l'ordre et la liberté, les droits du peuple et les principes d'autorité.

Au milieu de deux partis acharnés, dont l'un ne voit que le passé et l'autre que l'avenir, elle prend les anciennes formes et les nouveaux principes.

Voulant fonder solidement, elle appuie son système sur des principes d'éternelle justice, et brise sous ses pieds les théories réactionnaires enfantées par les excès des partis.

Elle remplace le système héréditaire des vieilles aristocraties par un système hiérarchique qui, tout en assurant l'égalité, récompense le mérite et garantit l'ordre.

Elle trouve un élément de force et de stabilité dans la démocratie, parce qu'elle la discipline.

Elle trouve un élément de force dans la liberté, parce qu'elle en prépare sagement le règne en établissant des bases larges avant de bâtir l'édifice.

Elle ne suit ni la marche incertaine d'un parti, ni les passions de la foule ; elle commande par la raison, elle conduit parce qu'elle marche la première.

Planant au-dessus des coteries politiques, exempte de tout préjugé national, elle ne voit en France que des frères faciles à réconcilier, et dans les différentes nations de l'Europe que les membres d'une seule et grande famille.

Elle ne procède pas par exclusion, mais par réconciliation ; elle réunit la nation au lieu de la diviser. Elle donne à chacun l'emploi qui lui est dû, la place qu'il mérite selon sa capacité et ses œuvres, sans demander compte à personne ni de son opinion ni de ses antécédents politiques.

N'ayant d'autre préoccupation que le bien, elle ne cherche pas par quel moyen artificiel elle peut soutenir un pouvoir chancelant, mais par quel moyen elle peut rendre le pays prospère.

Elle n'attache d'importance qu'aux choses; elle hait les paroles inutiles. Les mesures que d'autres discutent pendant dix ans, elle les exécute en une seule année. Elle vogue à pleines voiles sur l'océan de la civilisation, au lieu de rester dans un étang bourbeux, pour essayer inutilement toutes sortes de voilures.

Elle repousse cette polémique du jour qui ressemble aux discussions religieuses du moyen âge, où l'on se battait pour les questions métaphysiques de la transsubstantiation du sang de Notre-Seigneur, au lieu de s'étendre sur les grands principes évangéliques. Aussi n'élève-t-elle jamais la voix pour blâmer ou accueillir une loi microscopique sur des garanties imaginaires, sur des exclusions réactionnaires ou des libertés tronquées; elle ne joue pas un jeu d'enfant, mais, géante elle-même, lorsqu'elle se bat, c'est une guerre de Titans; ses armes sont des peuples entiers, et ses triomphes ou ses revers sont pour le monde le signal de l'esclavage ou de la liberté.

L'idée napoléonienne se fractionne en autant

de branches que le génie humain a de phases différentes; elle va vivifier l'agriculture, elle invente de nouveaux produits, elle emprunte aux pays étrangers les innovations qui peuvent lui servir. Elle aplanit les montagnes, traverse les fleuves, facilite les communications, et oblige les peuples à se donner la main.

Elle emploie tous les bras et toutes les intelligences. Elle va dans les chaumières, non pas en tenant à la main de stériles déclarations des droits de l'homme, mais avec les moyens nécessaires pour étancher la soif du pauvre, pour apaiser sa faim : et de plus, elle a un récit de gloire pour éveiller son amour de la patrie! L'idée napoléonienne est comme l'idée évangélique : elle fuit le luxe et n'a besoin ni de pompe ni d'éclat pour pénétrer et se faire recevoir; ce n'est qu'à la dernière extrémité qu'elle invoque le Dieu des armées. Humble sans bassesses, elle frappe à toutes les portes, reçoit les injures sans haine et sans rancune, et marche toujours sans s'arrêter, parce qu'elle sait que la lumière la devance et que les peuples la suivent.

L'idée napoléonienne, ayant la conscience de sa force, repousse loin d'elle la corruption, la flatterie et le mensonge, ces vils auxiliaires de la faiblesse. Quoiqu'elle attende tout du peuple, elle ne le flatte pas ; elle méprise ces phrases de chambellanisme démocratique avec lesquelles on caresse les masses pour se rallier de mesquines sympathies, imitant ces courtisans qui encensaient le grand roi dans sa vieillesse en vantant les mérites qu'il n'avait plus. Son but n'est pas de se créer une popularité passagère en rallumant des haines mal éteintes et en flattant des passions dangereuses ; elle dit à chacun ce qu'elle pense, roi ou tribun, riche ou pauvre ; elle accorde la louange ou jette le blâme, suivant que les actions sont louables ou dignes de mépris.

L'idée napoléonienne s'est concilié depuis longtemps la sympathie des masses, parce que les sentiments chez les peuples précèdent le raisonnement, que le cœur sent avant que l'esprit conçoive. Lorsque la religion chrétienne s'étendit, les nations l'adoptèrent avant de comprendre toute la portée de sa morale. L'influence d'un grand génie, semblable en cela à l'influence de la Divinité, est un fluide qui se répand comme l'électricité, exalte les imaginations, fait palpiter les cœurs et entraîne, parce qu'elle touche l'âme avant que de persuader.

Cette influence qu'elle croit exercer sur les masses, elle veut l'employer non pas à bouleverser la société, mais au contraire à la rasseoir et à la réorganiser. L'idée napoléonienne est donc par sa nature une idée de paix plutôt qu'une idée de guerre, une idée d'ordre et de reconstitution plutôt qu'une idée de bouleversement. Elle professe sans fiel et sans haine la morale politique que le grand homme conçut le premier. Elle développe ces grands principes de justice, d'autorité, de liberté, qu'on oublie trop souvent dans les temps de trouble.

Voulant surtout persuader et convaincre, elle prêche la concorde et la confiance, et en appelle plus volontiers à la raison qu'à la force. Mais si, poussée à bout par trop de persécution, elle devenait le seul espoir des populations malheureuses et le dernier refuge de la gloire et de l'honneur du pays, alors, reprenant son casque et sa lance, et montant sur l'autel de la patrie, elle dirait au peuple, trompé par tant de ministres et d'orateurs, ce que saint Remi disait au fier Sicambre : « Renverse tes faux dieux et tes images d'argile; brûle ce que tu as adoré jusqu'ici, et adore ce que tu as brûlé. »

PRÉFACE.

Si la destinée que me présageait ma naissance n'eût pas été changée par les événements, neveu de l'Empereur, j'aurais été un des défenseurs de son trône, un des propagateurs de ses idées; j'aurais eu la gloire d'être un des piliers de son édifice ou de mourir dans un des carrés de sa garde en combattant pour la France. L'Empereur n'est plus!... mais son esprit n'est pas mort. Privé de la possibilité de défendre par les armes son pouvoir tutélaire, je puis au moins essayer de défendre sa mémoire par des écrits. Éclairer l'opinion en recherchant la pensée qui a présidé à ses hautes conceptions, rappeler ses vastes projets, est une tâche qui sourit encore à mon cœur et qui me console de l'exil! La crainte de choquer des opinions contraires ne m'arrêtera pas; des idées qui sont sous l'égide du plus grand génie des temps modernes peuvent s'avouer sans détour; elles ne sauraient varier au gré de l'atmosphère politique. Ennemi de toute théorie absolue et de toute dépendance morale, je n'ai d'engagements envers aucun parti, envers aucune secte, envers aucun gouvernement; ma voix est libre comme ma pensée... et j'aime la liberté!

Carlton Terrace, juillet 1839.

DES IDÉES NAPOLÉONIENNES.

CHAPITRE PREMIER.

DES GOUVERNEMENTS EN GÉNÉRAL.

Mouvement général du progrès. — Formes de gouvernement. — Leur mission.

Toutes les révolutions qui ont agité les peuples, tous les efforts des grands hommes, guerriers ou législateurs, ne doivent-ils aboutir à rien? Nous remuons-nous constamment dans un cercle vicieux, où les lumières succèdent à l'ignorance, et la barbarie à la civilisation? Loin de nous une pensée aussi affligeante! Le feu sacré qui nous anime doit nous mener à un résultat digne de la puissance divine qui nous l'inspire. L'amélioration des sociétés marche sans cesse, malgré les obstacles; elle ne connaît de limites que celles du monde.

« Le genre humain, a dit Pascal, est un homme qui ne meurt jamais, et qui se perfectionne toujours. » Image sublime de vérité et de profondeur ! Le genre humain ne meurt pas, mais il subit cependant toutes les maladies auxquelles l'homme est sujet; et quoiqu'il se perfectionne sans cesse, il n'est pas exempt des passions humaines, arsenal dangereux, mais indispensable, qui est la cause de notre élévation ou de notre ruine.

Cette comparaison résume les principes sur lesquels se fonde la vie des peuples, cette vie qui a deux natures et deux instincts, l'un divin, qui tend à nous perfectionner, l'autre mortel, qui tend à nous corrompre.

La société renferme donc en elle deux éléments contraires : d'un côté, immortalité et progrès; de l'autre, malaise et désorganisation.

Les générations qui se succèdent participent toutes des mêmes éléments.

Les peuples ont tous quelque chose de commun, c'est le besoin de perfectionnement; ils ont chacun quelque chose de particulier, c'est le genre de malaise qui paralyse leurs efforts.

Les gouvernements ont été établis pour aider la société à vaincre les obstacles qui entravaient sa marche. Leur forme a dû varier suivant la nature du mal qu'ils étaient appelés à guérir, suivant l'époque, suivant le peuple qu'ils devaient régir. Leur tâche n'a jamais été et ne sera jamais facile, parce que les deux éléments contraires dont se compose notre existence exigent l'emploi de moyens différents. Sous le rapport de notre essence divine, il ne nous faut pour marcher que liberté et travail; sous le rapport de notre nature mortelle, il nous faut, pour nous conduire, un guide et un appui.

Un gouvernement n'est donc pas, comme l'a dit un économiste distingué, *un ulcère nécessaire,* mais c'est plutôt le moteur bienfaisant de tout organisme social.

En déroulant à nos yeux le tableau de l'histoire, nous y trouvons sans cesse ces deux grands phénomènes : d'un côté, un système constant, qui obéit à une progression régulière, qui avance sans jamais revenir sur ses pas : c'est le progrès; de l'autre, au contraire, nous ne voyons que flexibilité et mobilité : ce sont les formes de gouvernement.

Le progrès ne disparaît jamais, mais il se déplace souvent; il va des gouvernants aux gouvernés. La tendance des révolutions est de le ramener toujours parmi les gouvernants. Lorsqu'il est à la tête des sociétés, il marche hardiment, car il conduit ; lorsqu'il est dans la masse, il marche à pas lents, car il lutte. Dans le premier cas, le peuple confiant se laisse gouverner ; dans le second cas, il veut au contraire tout faire par lui-même.

Depuis que le monde existe, le progrès a toujours eu lieu. Pour le reconnaître, il suffit de mesurer la route suivie par la civilisation ; la trace en est marquée par les grands hommes qui en sont comme les bornes milliaires ; chacun a un degré supérieur qui nous rapproche du but ; et l'on va d'Alexandre à César, de César à Constantin, de Constantin à Charlemagne, de Charlemagne à Napoléon.

Les formes de gouvernement, au contraire, ne suivent pas des lois constantes. Les républiques sont aussi vieilles que le monde ; l'élection et l'hérédité se sont, depuis des siècles, disputé le pouvoir, et le pouvoir est resté tour à tour à ceux qui avaient pour eux les sciences et les lumières, le droit ou la force. Il ne saurait donc y avoir de gouvernement assis sur des formes invariables ; il n'y a pas plus de formule gouvernementale pour le bonheur des peuples, qu'il n'y a de panacée universelle qui guérisse de tous les maux. « Toute question de forme politique, a dit Carrel [1], a ses données dans l'état de la société, nullement ailleurs. » Ces paroles renferment une grande vérité. En politique, le bien n'est que relatif, jamais absolu.

En admettant les idées qui précèdent, il serait impossible d'attacher une haute importance aux distinctions savantes que les publicistes ont faites entre le gouvernement d'un seul et le gouvernement de plusieurs, entre les gouvernements démocratiques et les gouvernements aristocratiques [2]. Tous ont été bons, puisqu'ils ont duré ; telle forme a été la meilleure pour tel peuple qui a duré le plus

---

[1] *Histoire de la contre-révolution en Angleterre*, introduction, page 3.
[2] Loin de moi l'idée d'entrer en discussion sur le mérite de la monarchie ou de la république ; je laisse aux philosophes et aux métaphysiciens le soin de résoudre un problème qu'*à priori* je crois insoluble. Je ne vois dans la monarchie ni le principe de droit divin ni tous les vices que l'on veut y trouver ; je ne vois uniquement dans le système héréditaire que la garantie de l'intégrité d'un pays. Pour apprécier cette opinion, il suffit de se rappeler que les deux monarchies de France et d'Allemagne naquirent en même temps du partage de l'empire de Charlemagne ; la couronne devint purement élective en Allemagne ; elle resta héréditaire en France. Huit cents ans plus tard, l'Allemagne est divisée en douze cents États environ, sa nationalité a disparu ; tandis qu'en France le principe héréditaire a détruit tous les petits souverains, et formé une nation grande et compacte.

longtemps. Mais *à priori,* le meilleur gouvernement est celui qui remplit bien sa mission, c'est-à-dire celui qui se formule sur le besoin de l'époque, et qui, en se modelant sur l'état présent de la société, emploie les moyens nécessaires pour frayer une route plane et facile à la civilisation qui s'avance.

Je le dis à regret, je ne vois aujourd'hui que deux gouvernements qui remplissent bien leur mission providentielle; ce sont les deux colosses qui sont au bout du monde, l'un à l'extrémité du nouveau, l'autre à l'extrémité de l'ancien [1]. Tandis que notre vieux centre européen est comme un volcan qui se consume dans son cratère, les deux nations orientale et occidentale marchent sans hésiter vers le perfectionnement, l'une par la volonté d'un seul, l'autre par la liberté.

La Providence a confié aux États-Unis d'Amérique le soin de peupler et de gagner à la civilisation tout cet immense territoire qui s'étend de l'Atlantique à la mer du Sud, et du pôle nord à l'équateur. Le gouvernement, qui n'est qu'une simple adminis-

---

[1] Je ne prétends pas dire par là que tous les autres gouvernements de l'Europe soient mauvais; je veux dire seulement que dans le moment actuel il n'en est aucun qui soit à la hauteur d'une aussi grande mission.

tration, n'a eu, jusqu'à présent, qu'à mettre en pratique ce vieil adage : *laissez faire, laissez passer,* pour favoriser cet instinct irrésistible qui pousse vers l'ouest les peuples d'Amérique.

En Russie, c'est à la dynastie impériale qu'on doit tous les progrès qui, depuis un siècle et demi, ont tiré ce vaste empire de la barbarie. Le pouvoir impérial doit lutter contre tous les vieux préjugés de notre vieille Europe; il faut qu'il centralise, autant que possible, dans les mains d'un seul les forces de l'État, afin de détruire tous les abus qui se perpétuent à l'abri des franchises communales et féodales. L'Orient ne peut recevoir que de lui les améliorations qu'il attend.

Mais toi, France de Henri IV, de Louis XIV, de Carnot, de Napoléon, toi qui fus toujours pour l'occident de l'Europe la source des progrès, toi qui possèdes les deux soutiens des empires, le génie des arts pacifiques et le génie de la guerre, n'as-tu plus de mission à remplir? Épuiseras-tu tes forces et ton énergie à lutter sans cesse avec tes propres enfants? Non, telle ne peut être ta destinée; bientôt viendra le jour où, pour te gouverner, il faudra comprendre que ton rôle est de mettre dans tous les traités ton épée de Brennus en faveur de la civilisation !

CHAPITRE DEUXIÈME.

IDÉES GÉNÉRALES.

Mission de l'Empereur. — La liberté suivra la même marche que la religion. — Rétablissement de la monarchie et de la religion catholique. — Comment il faut juger Napoléon.

Lorsque des idées qui ont gouverné le monde pendant de longues périodes perdent, par la transformation nécessaire des sociétés, de leur force et de leur empire, il en surgit de nouvelles, destinées à remplacer celles qui les précédaient. Quoiqu'elles portent en elles un germe réorganisateur, elles procèdent cependant par la désorganisation. Mais tant est grande la présomption des idées naissantes, et tant plaît à notre existence éphémère l'idée de durée, qu'à chaque pierre qu'elles arrachent du vieil édifice elles proclament ce débris sur lequel elles se posent comme une nouvelle fondation à bases indestructibles; jusqu'à ce que d'autres éboulements, s'ensevelissant réciproquement, leur prouvent qu'elles ont ébranlé sans avoir construit, et qu'il faut à leur ouvrage de plus solides matériaux, pour être à l'abri des ruines du passé qui s'écroule.

C'est ainsi que les idées de 89, idées qui, après avoir bouleversé l'Europe, finiront par assurer son repos, paraissaient déjà en 91 avoir détruit l'ancien ordre de choses et en avoir créé un nouveau. Mais l'enfantement de la liberté est pénible, et l'œuvre des siècles ne se détruit pas sans des secousses terribles! 93 suivit de près 91, et l'on vit ruines sur ruines, transformations sur transformations, jusqu'à ce qu'enfin Napoléon apparut, débrouilla ce chaos de néant et de gloire, sépara les vérités des passions, les éléments de succès des germes de mort, et ramena à l'idée de synthèse tous ces grands principes qui, luttant sans cesse entre eux, compromettaient le succès auquel tous étaient intéressés.

Napoléon, en arrivant sur la scène du monde, vit que son rôle était d'être l'*exécuteur testamentaire* de la révolution. Le feu destructeur des partis était éteint, et lorsque la révolution mourante, mais non vaincue, légua à Napoléon l'accomplissement de ses dernières volontés, elle dut lui dire : « Affermis sur des bases solides les principaux résultats de mes efforts, réunis les Français divisés, repousse l'Europe féodale liguée contre moi, cicatrise mes plaies, éclaire les nations, exécute en étendue ce que j'ai dû faire en profondeur; sois pour l'Europe ce que j'ai été pour la France; et quand même tu devrais arroser de ton sang l'arbre de la civilisation, voir tes projets méconnus et les tiens sans patrie errer dans le monde, n'abandonne jamais la cause sacrée du peuple français, et fais-la triompher par tous les moyens que le génie enfante, que l'humanité approuve. »

Cette grande mission, Napoléon l'accomplit jusqu'au bout. Sa tâche fut difficile. Il fallait asseoir une société bouillonnante encore de haine et de rancune sur de nouveaux principes, se servir, pour consolider, des mêmes instruments qui jusque-là n'avaient servi qu'à abattre.

Le sort commun à toute nouvelle vérité qui surgit est d'effrayer au lieu de séduire, de blesser au lieu de convaincre. C'est qu'elle s'élance avec d'autant plus de force qu'elle a été plus longtemps comprimée; c'est qu'ayant des obstacles à vaincre, il faut qu'elle lutte et qu'elle renverse, jusqu'à ce que, comprise et adoptée par la généralité, elle devienne la base d'un nouvel ordre social.

La liberté suivra la même marche que la religion chrétienne. Arme de mort pour la vieille société romaine, le christianisme a excité pendant longtemps la crainte et la haine des peuples; puis, à force de martyrs et de persécutions, la religion du Christ a pénétré dans les esprits et dans les consciences; bientôt elle eut à ses ordres des armées et des rois; Constantin et Charlemagne la promenèrent triomphante en Europe. Alors la religion déposa ses armes de guerre; elle dévoila à tous les yeux les principes d'ordre et de paix qu'elle renfermait, et devint l'élément organisateur des sociétés, l'appui même du pouvoir. Il en sera ainsi de la liberté. Elle a déjà eu les mêmes phases. En 1793, elle effraya les peuples autant que les souverains; puis, ayant revêtu des formes plus douces, elle s'insinua partout à la suite de nos bataillons. En 1815, tous les partis adoptèrent son drapeau, et, s'étayant de sa force morale, ils se couvrirent de ses couleurs. L'adoption n'était pas sincère, la liberté fut obligée de reprendre son armure de guerre. Avec la lutte reparurent les craintes. Espérons que bientôt elles cesseront, et que la liberté revêtira ses habits de fête pour ne plus les quitter.

L'empereur Napoléon a contribué plus que tout autre à accélérer le règne de la liberté, en sauvant l'influence morale de la révolution, et en diminuant les craintes qu'elle inspirait [1]. Sans le Consulat et l'Empire, la révolution n'eût été qu'un grand drame qui laisse de grands souvenirs, mais peu de traces. La révolution se serait noyée dans la contre-révolution; tandis que le contraire a eu lieu, parce que Napoléon enracina en France et introduisit partout en Europe les principaux bienfaits de la grande crise de 89, et que, pour nous servir de ses expressions, *il dessouilla la révolution, affermit les rois, ennoblit les peuples.* Il dessouilla la révolution en séparant les vérités qu'elle fit triompher des passions qui, dans leur délire, les avaient obscurcies; il raffermit les rois en rendant le pouvoir honoré et respectable; il ennoblit les peuples en leur donnant la conscience de leur force et ces institutions qui relèvent l'homme à ses propres yeux. L'Empereur doit être considéré comme le messie des idées nouvelles ; car, il faut le dire, dans les moments qui suivent de près un bouleversement social, l'essentiel n'est pas de mettre en application des principes dans toute la subtilité de leur théorie, mais de s'emparer du génie régéné-

---

[1] Ce sont les craintes que la révolution française inspira aux souverains qui arrêtèrent chez eux les progrès qui avaient été introduits avant 1789 par Joseph II en Autriche, et par Léopold en Italie.

rateur, de s'identifier avec les sentiments du peuple, et de le diriger hardiment vers le but qu'il veut atteindre. Pour être capable d'accomplir une tâche semblable, il faut que *votre fibre réponde à celle du peuple*[1], que vous sentiez comme lui, et que vos intérêts soient tellement confondus, que vous ne puissiez vaincre ou tomber qu'ensemble !

C'est cette union de sentiments, d'instincts et de volontés qui a fait toute la force de l'Empereur. On commettrait une grave erreur si l'on croyait qu'un grand homme a l'omnipotence et qu'il ne puise de force qu'en lui-même. Savoir deviner, profiter et conduire, telles sont les premières qualités d'un génie supérieur. « Je n'ai garde, disait Napoléon, de tomber dans la faute des hommes à systèmes modernes, de me croire par moi seul et par mes idées la sagesse des nations. Le génie de l'ouvrier est de savoir se servir des matériaux qu'il a sous la main. »

Une des premières nécessités pour un gouvernement, c'est de bien connaître l'état du pays qu'il régit, et de savoir où sont les éléments de force sur lesquels il doit s'appuyer. L'ancienne monarchie avait pour soutiens la noblesse et le clergé, parce que c'était alors dans ces deux classes que rési-

---

[1] Paroles de l'Empereur.

daient les deux principaux éléments de force, la richesse territoriale et l'influence morale. La révolution avait détruit tout cet édifice féodal ; elle avait déplacé les intérêts, créé de nouvelles sources de puissance et de richesse, fait naître de nouvelles idées.

Tenter de ramener l'ancien régime, s'appuyer sur des forces qui n'avaient plus de racines, eût été folie. L'Empereur, tout en rétablissant les formes anciennes, ne basa son autorité que sur une séve jeune et vigoureuse, les intérêts nouveaux. Il rétablit la religion, mais sans faire du clergé un moyen de gouvernement. Aussi le passage de la république à la monarchie et le rétablissement des cultes, au lieu d'éveiller des craintes, rassurèrent les esprits; car, loin de froisser aucun intérêt, ils satisfaisaient à des besoins politiques et moraux, et répondaient au vœu du plus grand nombre. En effet, si ces transformations n'eussent pas été dans les sentiments et les idées de la majorité, Napoléon ne les aurait pas accomplies; car il devinait juste, et son pouvoir moral il voulait l'augmenter et non l'affaiblir. Aussi jamais de si grands changements ne se firent avec moins d'efforts. Napoléon n'eut qu'à dire : « Qu'on ouvre les églises; » et les fidèles s'y précipitèrent à l'envi. Il dit à la nation : «Voulez-vous un pouvoir héréditaire? » et la nation répondit affirmativement par quatre millions de votes [1]. C'est qu'il est difficile de se dépouiller entièrement du passé ; une génération a, comme un individu, des antécédents qui la dominent. Nos sentiments ne sont pour la plupart que des traditions. Esclave des souvenirs de son enfance, l'homme obéit toute sa vie, sans s'en douter, aux impressions qu'il a reçues dans son jeune âge, aux épreuves et aux influences auxquelles il a été en butte. La vie d'un peuple est soumise aux mêmes lois générales. Un jour seul ne fait pas d'une république de 500 ans une monarchie héréditaire, ni d'une monarchie de 1400 ans une république élective.

Voyez Rome : pendant 500 ans ses formes républicaines l'ont mise à la tête du monde; pendant 500 ans le système électif a produit de grands hommes ; et la dignité de consul, de sénateur, de tribun,

---

[1] Quelques personnes veulent révoquer en doute la légitimité d'une telle élection. Mais elles attaquent ainsi toutes les constitutions de la République; car ces constitutions n'obtinrent pas même une sanction aussi forte.

Constitution de 1791 non soumise à l'acceptation du peuple.

	Votants.	Acceptants.	Refusants.
Constitution de 1793.	»	1,801,018	11,600
— de l'an III.	»	1,057,390	49,977
— de l'an VIII (Consulat).	3,012,569	3,011,004	1,562
Consulat à vie.	3,577,259	3,568,888	8,374
Empire héréditaire (1804). . . .	3,524,254	3,521,675	2,579

a été bien au-dessus des trônes des rois, que les Romains n'avaient connus qu'en les voyant attachés au char triomphal du vainqueur. Aussi, quoique Rome ne fût plus capable de supporter ces institutions séculaires qui avaient fait sa grandeur et sa force, elle conserva néanmoins, pendant 600 ans encore, sous les empereurs, les formes vénérées de la république. De même la république française, qui succédait à une monarchie de 1400 ans, dont le résultat avait été de faire une France grande et glorieuse par le seul principe de la centralisation monarchique, en dépit des vices et des erreurs des rois ; de même cette république, non-seulement se revêtit bientôt des formes anciennes, mais, dès son origine, elle conserva le caractère distinctif de la monarchie, en proclamant et en renforçant par tous les moyens cette centralisation du pouvoir qui avait été l'élément vital de la nationalité française.

Ajoutons à ces considérations, que Napoléon et César, qui se trouvèrent tous les deux dans des circonstances analogues, durent agir par les mêmes motifs dans un sens opposé. Tous les deux voulaient reconstituer avec les anciennes formes sur de nouveaux principes[1]. César devait donc vouloir conserver

[1] L'Empereur, dans son *Précis des guerres de César*, a suffisamment prouvé que ce grand homme n'a jamais voulu, n'a jamais pu vouloir se faire roi. « Vainqueur, dit Napoléon,

les formes républicaines, Napoléon rétablir celles de la monarchie.

Au commencement du dix-neuvième siècle, les idées étaient toutes portées pour l'hérédité du pouvoir de l'Empereur, soit par la force traditionnelle des anciennes institutions, soit par le prestige qui environnait l'homme investi de l'autorité, soit enfin par le désir d'un ordre de choses qui donnât plus de garantie de stabilité. Mais la difficulté de l'établissement de la république pouvait s'expliquer peut-être par une autre considération. La France était démocratique depuis 1789 ; or, dans un grand État européen, il est difficile de concevoir l'existence d'une république sans aristocratie [1].

Il y a pour tout pays deux sortes d'intérêts bien

César ne gouverna que comme consul, dictateur ou tribun ; il confirma donc, au lieu de les discréditer, les formes anciennes de la république. Auguste même, longtemps après et lorsque les générations républicaines tout entières étaient détruites par les proscriptions et la guerre des triumvirs, n'eut jamais l'idée d'élever un trône. C'eût été de la part de César une étrange politique de remplacer la chaise curule des vainqueurs du monde par le trône pourri, méprisé des vaincus. »

[1] Je trouve dans l'*Histoire de la Révolution*, par M. Thiers, une idée analogue, tome VIII, page 12.... « En y réfléchissant mieux, on aurait vu qu'un corps aristocratique convient *plus particulièrement* aux républiques. » On peut ajouter que l'aristocratie n'a pas besoin de chef, tandis que la nature de la démocratie est de se personnifier dans un homme.

distincts et souvent opposés : les intérêts généraux et les intérêts particuliers; autrement dit, les intérêts permanents et les intérêts passagers. Les premiers ne changent pas avec les générations ; leur esprit se transmet d'âge en âge par tradition plutôt que par calcul. Ces intérêts ne peuvent être représentés que par une aristocratie, ou, à son défaut, par une famille héréditaire. Les intérêts passagers ou particuliers, au contraire, changent continuellement selon les circonstances, et ne peuvent être bien compris que par des délégués du peuple, qui se renouvelant sans cesse, soient l'expression fidèle des besoins et des désirs des masses. Or, la France n'ayant plus et ne pouvant plus avoir d'aristocratie, c'est-à-dire de ces corps privilégiés dont l'influence n'est grande que parce que le temps a consacré leur autorité, la république eût été privée de ce pouvoir conservateur qui, gardien fidèle, quoique souvent oppressif, des intérêts généraux et permanents, a fait pendant des siècles à Rome, à Venise et à Londres, la grandeur de ces pays par la simple persévérance dans un système national.

Pour obvier à ce manque de fixité et de suite qui est le plus grand défaut des républiques démocratiques, il fallait créer une famille héréditaire, qui fût la conservatrice de ces intérêts généraux et dont la puissance ne fût basée que sur l'esprit démocratique de la nation.

Que les opinions diffèrent sur la valeur de ces considérations ; qu'on blâme Napoléon d'avoir surmonté d'une couronne ses lauriers républicains, qu'on blâme le peuple français d'avoir voulu et sanctionné ce changement, tout est susceptible de controverse. Mais il est un point sur lequel tous ceux qui reconnaissent dans l'Empereur un grand homme doivent tomber d'accord, c'est que, se fût-il trompé, ses intentions durent toujours être à la hauteur de ses facultés. Le comble de l'inconséquence est de prêter à un grand génie toutes les faiblesses de la médiocrité. Il y a cependant des esprits vulgaires qui, jaloux de la supériorité du mérite, semblent vouloir s'en venger en lui attribuant leurs mesquines passions ! Ainsi, au lieu de comprendre qu'un grand homme n'a pu être dirigé que par de grandes conceptions, par des raisons d'État de la plus haute portée, ils disent : « Napoléon s'est fait empereur
» par ambition personnelle ; il s'est entouré des
» noms illustres de l'ancien régime pour satisfaire
» son amour-propre ; il a dépensé les trésors de la
» France et le plus pur de son sang pour agrandir
» sa puissance et pour mettre ses frères sur des
» trônes ; enfin il a épousé une archiduchesse d'Au-

» triche pour mettre une vraie princesse dans son » lit. » — « Ai-je donc régné sur des pygmées en intelligence, qu'ils m'aient si peu compris ? » s'écriait Napoléon à Sainte-Hélène dans un moment d'humeur. Que son âme se console ! Les masses depuis longtemps lui ont rendu justice ; chaque jour qui s'écoule, en découvrant une des misères qu'il avait guéries, un mal qu'il avait extirpé, explique assez ses nobles projets. Et ses grandes pensées, qui brillent d'autant plus que le présent s'obscurcit, sont comme des phares lumineux qui font entrevoir au milieu des ténèbres et des tempêtes un avenir de sécurité !

CHAPITRE TROISIÈME.

QUESTION INTÉRIEURE.

Tendance générale. — Principe de fusion, d'égalité, d'ordre, de justice. — *Organisation administrative.* — Ordre judiciaire. — Finances. — Établissements de bienfaisance, communes, agriculture, industrie, commerce. — Instruction publique. — De l'armée. — *Organisation politique.* — Principes fondamentaux. — Accusation de despotisme. — Du gouvernement militaire. — Réponse à ces accusations.

Les divers gouvernements qui s'étaient succédé depuis 1789 jusqu'en 1800, avaient, malgré leurs excès, obtenu de grands résultats. L'indépendance de la France avait été maintenue, la féodalité avait été détruite, des principes salutaires avaient été répandus. Cependant rien n'était encore solidement établi; trop d'éléments contraires étaient en présence.

A l'époque où Napoléon arriva au pouvoir, le génie du législateur consistait à juger d'un coup d'œil les rapports qui existaient entre le passé et le présent, entre le présent et l'avenir.

Il fallait résoudre les questions suivantes :

Quelles sont les idées qui sont passées sans retour ?

Quelles sont celles qui doivent triompher par la suite ?

Enfin, quelles sont les idées qui peuvent être appliquées immédiatement et qui accéléreront le règne de celles qui doivent prévaloir ?

L'Empereur fit d'un coup d'œil cette distinction, et tout en prévoyant les possibilités futures, il se borna à la réalisation des possibilités actuelles.

La grande difficulté des révolutions est d'éviter la confusion dans les idées populaires. Le devoir de tout gouvernement est de combattre les idées fausses et de diriger les idées vraies, en se mettant hardiment à leur tête ; car si, au lieu de conduire, un gouvernement se laisse entraîner, il court à sa perte, et il compromet la société au lieu de la protéger.

C'est parce que l'Empereur fut le représentant des idées vraies de son siècle, qu'il acquit si facilement l'ascendant le plus immense. Quant aux idées nuisibles, il ne les attaqua jamais de front, mais il les prit à revers, parlementa, traita avec elles, et enfin les soumit par une influence morale; il savait que la violence ne vaut rien contre les idées.

Ayant toujours un but devant les yeux, il employa, suivant les circonstances, les moyens les plus prompts pour y arriver.

Quel est son but ?... La liberté !

Oui, la liberté !... et plus on étudiera l'histoire de Napoléon, plus on se convaincra de cette vérité, car la liberté est comme un fleuve : pour qu'elle apporte l'abondance et non la dévastation, il faut qu'on lui creuse un lit large et profond. Si, dans son cours régulier et majestueux, elle reste dans ses limites naturelles, les pays qu'elle traverse bénissent son passage ; mais si elle vient comme un torrent qui déborde, on la regarde comme le plus terrible des fléaux ; elle éveille toutes les haines, et l'on voit alors des hommes, dans leur prévention, repousser la liberté parce qu'elle détruit, comme si l'on devait bannir le feu parce qu'il brûle, et l'eau parce qu'elle inonde.

La liberté, dira-t-on, n'était pas assurée par les lois impériales ! Son nom n'était pas, il est vrai, en tête de toutes les lois, ni affiché à tous les carrefours, mais chaque loi de l'Empire en préparait le règne paisible et sûr.

Quand, dans un pays, il y a des partis acharnés les uns contre les autres, des haines violentes, il faut que ces partis disparaissent, que ces haines s'apaisent, avant que la liberté soit possible.

Quand, dans un pays démocratisé comme l'était la France, le principe d'égalité n'est pas appliqué généralement, il faut l'introduire dans toutes les lois avant que la liberté soit possible.

Lorsqu'il n'y a plus ni esprit public, ni religion, ni foi politique, il faut recréer au moins une de ces trois choses, avant que la liberté soit possible.

Lorsque les changements successifs de constitution ont ébranlé le respect dû à la loi, il faut recréer l'influence légale, avant que la liberté soit possible.

Lorsque les anciennes mœurs ont été détruites par une révolution sociale, il faut en recréer de nouvelles d'accord avec les nouveaux principes, avant que la liberté soit possible.

Quand le gouvernement, quelle que soit sa forme, n'a plus ni force ni prestige; que l'ordre n'existe ni dans l'administration ni dans l'État, il faut recréer le prestige, il faut rétablir l'ordre, avant que la liberté soit possible.

Lorsque dans une nation il n'y a plus d'aristocratie et qu'il n'y a d'organisé que l'armée, il faut reconstituer un ordre civil basé sur une organisation précise et régulière, avant que la liberté soit possible.

Enfin, lorsqu'un pays est en guerre avec ses voisins et qu'il renferme encore dans son sein des partisans de l'étranger, il faut vaincre les ennemis et se faire des alliés sûrs, avant que la liberté soit possible.

Il faut plaindre les peuples qui veulent récolter avant d'avoir labouré le champ, ensemencé la terre, et donné à la plante le temps de germer, d'éclore et de mûrir. Une erreur fatale est de croire qu'il suffise d'une déclaration de principes pour constituer un nouvel ordre de choses !

Après une révolution, l'essentiel n'est pas de faire une constitution, mais d'adopter un système qui, basé sur les principes populaires, possède toute la force nécessaire pour fonder et établir, et qui, tout en surmontant les difficultés du moment, ait en lui cette flexibilité qui permette de se plier aux circonstances. D'ailleurs, après une lutte, une constitution peut-elle se garantir des passions réactionnaires ? et quel danger n'y a-t-il pas à traduire en principes généraux des exigences transitoires [1] ! « Une constitution, a dit Napoléon, est l'œuvre du temps ; on ne saurait y laisser une trop large voie aux améliorations. »

Nous allons parcourir, sous les points de vue précédents, les actions de l'Empereur. Juger, c'est comparer. Nous comparerons donc son règne avec l'époque immédiate qui l'a précédé, avec l'époque qui l'a suivi. Nous jugerons ses projets sur ce qu'il a fait étant vainqueur, sur ce qu'il a laissé malgré sa défaite.

Lorsque Napoléon revint d'Égypte, toute la France l'accueillit avec transport ; on vit en lui le sauveur de la révolution, qui était au moment de périr. Fatiguée par tant d'efforts successifs, ballottée par tant

---

[1] On pourrait citer mille exemples à l'appui de cette assertion ; nous nous bornerons à rappeler qu'en 92, pour empêcher que l'autorité ne rétablît indirectement l'inégalité dans le partage, on avait, pour ainsi dire, ôté aux citoyens la liberté de tester. Napoléon réforma cette loi réactionnaire. Sous la Restauration, on détestait en France les troupes suisses, qui étaient mieux payées que les troupes françaises. Après la révolution de 1830, on ne se contenta pas de les renvoyer, on introduisit dans la Charte un article qui interdisait au gouvernement de prendre à sa solde des troupes étrangères. Un an plus tard surviennent les malheurs de la Pologne ; 6,000 Polonais se réfugient en France, on voudrait les enrégimenter ; la loi réactionnaire de la veille s'y oppose !

de partis différents, la France s'était endormie au bruit de ses victoires, et semblait prête à perdre tout le fruit de ce qu'elle avait acquis. Le gouvernement était sans force morale, sans principes, sans vertu. Les fournisseurs et les faiseurs d'affaires étaient à la tête de la société, et y tenaient le premier rang au milieu de la corruption. Les généraux d'armée, tels que Championnet à Naples et Brune en Lombardie[1], se sentant les plus forts, commençaient à ne plus obéir au gouvernement et emprisonnaient ses représentants. Le crédit était anéanti, le trésor était vide, la rente était tombée à onze francs; le gaspillage était dans l'administration; le brigandage le plus odieux infestait la France, et l'Ouest était toujours en insurrection. Enfin, l'ancien régime s'avançait d'une manière effrayante, depuis qu'à côté du bonnet de la liberté on n'apercevait plus la hache du licteur.

On parlait sans cesse de liberté et d'égalité, et chaque parti n'en voulait que pour lui. Nous voulons l'égalité, disaient les uns, mais nous ne voulons pas accorder les droits de citoyen aux parents des nobles et des émigrés; nous voulons laisser cent quarante-cinq mille Français dans l'exil[2]. Nous

[1] Thiers, *Histoire de la Révolution*, tome X, p. 217.
[2] Ce nombre est celui fixé par le rapport du ministre de la police, an VIII.

voulons l'égalité, disaient les autres, mais nous ne voulons pas accorder d'emplois aux conventionnels. Enfin, nous voulons la liberté, mais nous maintenons la loi qui condamne à la peine de mort ceux dont les écrits tendraient à rappeler l'ancien régime ; nous maintenons la loi des otages, qui détruit la sécurité de deux cent mille familles [1] ; nous maintenons les entraves qui rendent nulle la liberté des cultes, etc., etc.

Une telle contradiction entre les principes proclamés et leur application tendait à introduire la confusion dans les idées et dans les choses. Il devait en être ainsi tant qu'il n'y aurait pas un pouvoir national qui, par sa stabilité et la conscience de sa force, fût exempt de passions, et pût donner protection à tous les partis, sans rien perdre de son caractère populaire.

Les hommes ont eu dans tous les temps les mêmes passions. Les causes qui produisent les grands changements sont différentes, mais les effets sont souvent les mêmes. On a presque toujours vu, dans les temps de troubles, les opprimés réclamer pour eux la liberté, et, une fois obtenue, la refuser à ceux qui étaient leurs oppresseurs. Il y avait en Angleterre au dix-septième siècle une secte religieuse et

---

[1] Bignon, tome Ier, p. 11.

républicaine, qui, persécutée par l'intolérance du clergé et du gouvernement, se décida à abandonner le pays de ses ancêtres et à aller au delà des mers, dans un monde inhabité, jouir de cette douce et sainte liberté que l'ancien monde lui refusait. Victimes de l'intolérance, conscients des maux qu'elle fait souffrir, ah ! certes, dans la patrie qu'ils vont fonder, ces hommes indépendants seront plus justes que leurs oppresseurs ! Mais, inconséquence du cœur humain ! la première loi des puritains fondant une nouvelle société dans l'État de Massachusets, est la peine de mort pour ceux qui s'écarteront de leur doctrine religieuse !

Admirons l'esprit napoléonien, il ne fut jamais ni exclusif ni intolérant. Supérieur aux petites passions des partis, généreux comme le peuple qu'il était appelé à gouverner, l'Empereur professa toujours cette maxime, qu'en politique il faut guérir les maux, jamais les venger.

L'abus du pouvoir royal, la tyrannie de la noblesse, avaient produit cette réaction immense qu'on appela la révolution de 89. Celle-ci amena d'autres réactions opposées et funestes. Avec Napoléon cessèrent toutes les passions réactionnaires. Fort de l'assentiment du peuple, il procéda rapidement à l'abolition de toutes les lois injustes; il cicatrisa toutes les plaies, récompensa tous les mérites, adopta toutes les gloires, et fit concourir tous les Français à un seul but : la prospérité de la France.

A peine investi du pouvoir, le premier consul révoque les lois qui excluaient les parents des émigrés et des ci-devant nobles de l'exercice des droits politiques et des fonctions publiques. La loi de l'emprunt forcé est rapportée et remplacée par une subvention extraordinaire additionnelle aux contributions. Napoléon fait cesser les réquisitions en nature et abolit la loi des otages. Il rappelle les écrivains condamnés à la déportation par la loi du 19 fructidor an V, tels que Carnot, Portalis, Siméon. Il fait revenir les conventionnels Barère et Vadier. Il ouvre les portes de la France à plus de cent mille émigrés, parmi lesquels étaient compris les membres de l'Assemblée constituante. Il fait réintégrer dans leur emploi quelques conventionnels qu'on avait voulu écarter. Il pacifie la Vendée, organise l'administration des municipalités dans les villes de Lyon, Marseille et Bordeaux. Il s'écriait un jour au Conseil d'État : « Gouverner par un
» parti, c'est se mettre tôt ou tard dans sa dépen-
» dance. On ne m'y prendra pas ; je suis national.
» Je me sers de tous ceux qui ont de la capacité et
» la volonté de marcher avec moi. Voilà pourquoi
» j'ai composé mon Conseil d'État de constituants

» qu'on appelait modérés ou feuillants, comme
» Defermon, Rœderer, Regnier, Regnault; de
» royalistes, comme Devaisnes et Dufresne; enfin
» de jacobins, comme Brune, Réal et Berlier.
» J'aime les honnêtes gens de tous les partis. »
Prompt à récompenser les services récents, comme
à illustrer tous les grands souvenirs, Napoléon fait
mettre à l'Hôtel des Invalides, à côté des statues de
Hoche, de Joubert, de Marceau, de Dugommier,
de Dampierre, la statue de Condé, les cendres de
Turenne et le cœur de Vauban. Il fait revivre à Orléans la mémoire de Jeanne d'Arc, à Beauvais celle
de Jeanne Hachette. En 1800, il fait de la reddition d'un grand citoyen, Lafayette, la condition
impérieuse d'un traité. Plus tard, il prend pour
aides de camp des officiers (Drouot, Lobau, Bernard) qui avaient été opposés au consulat à vie; on
le voit traiter avec la même bienveillance les sénateurs qui avaient voté contre l'établissement de
l'Empire. Toujours fidèle aux principes de conciliation, l'Empereur, dans le cours de son règne,
donne une pension à la sœur de Robespierre,
comme à la mère du duc d'Orléans [1]. Il soulage
l'infortune de la veuve de Bailly, président de l'As-

[1] L'Empereur accorda à la mère du roi actuel, Louis-Philippe, une pension de 400,000 francs, et une autre de
200,000 francs à la duchesse de Bourbon.

semblée constituante, et soutient dans sa vieillesse la dernière descendante des du Guesclin.

Réunir toutes les forces nationales contre l'étranger, réorganiser le pays sur des principes d'égalité, d'ordre et de justice, telle est la tâche de Napoléon. Il trouve sous la main bien des éléments antipathiques, et, suivant sa propre expression, il les réunit en amalgamant au lieu d'extirper.

Les divisions existaient non-seulement dans les partis politiques, mais aussi dans les autres corps de la nation. Le clergé était partagé entre les anciens et les nouveaux évêques, la grande et la petite Église, les prêtres assermentés partisans de la révolution, et les prêtres réfractaires. Ces derniers étaient les enfants chéris du pape. Profitant de l'influence que leur donnait la protection du chef de la religion, ils égaraient les esprits par les écrits qu'ils répandaient de l'étranger dans les campagnes. L'Empereur, par son Concordat, enleva le chef à ce troupeau égaré, et ramena le clergé à des idées de concorde et de soumission [1]. La répu-

[1] Par l'article 3 du Concordat, le pape s'engageait à procurer la renonciation des évêques émigrés, dont les mandements et les lettres pastorales continuaient à semer le trouble dans leurs anciens diocèses. L'article 13 sanctionnait l'aliénation des biens ecclésiastiques, et en déclarait la possession incommutable dans la main de leurs acquéreurs et de leurs ayants cause.

blique des lettres était partagée entre le nouvel Institut et l'ancienne Académie. Il fondit les académiciens dans l'Institut, et les savants vécurent en paix, réunissant leurs lumières pour éclairer la nation et accélérer les progrès de la science. Il existait de vieux noms dont quelques-uns se rattachaient à des souvenirs de gloire; il existait des titres dont l'influence n'était pas entièrement éteinte. Napoléon allia l'ancienne France à la nouvelle, en confondant les titres héréditaires avec de nouveaux titres acquis par des services. Les juifs formaient une nation dans la nation; quelques-uns de leurs dogmes étaient opposés aux lois civiles françaises. L'Empereur fit convoquer le grand Sanhédrin, qui, d'accord avec les commissaires impériaux, réforma dans la loi de Moïse les dispositions politiques susceptibles de modifications. Les juifs devinrent citoyens, et les barrières qui les séparaient du reste de la nation disparurent peu à peu.

N'oublions pas surtout de remarquer que tout ce qu'entreprit Napoléon pour opérer une fusion générale, il le fit sans renoncer aux principes de la révolution. Il avait rappelé les émigrés, sans toucher à l'irrévocabilité de la vente des biens nationaux. Il avait rétabli la religion catholique, tout en proclamant la liberté des consciences, et en donnant une rétribution égale aux ministres de tous les cultes. Il se fit sacrer par le souverain pontife, sans souscrire à aucune des concessions que lui demandait le pape sur les libertés de l'Église gallicane. Il épousa la fille de l'empereur d'Autriche, sans abandonner aucun des droits de la France sur sur les conquêtes qu'elle avait faites. Il rétablit les titres nobiliaires, mais sans y attacher de priviléges ni de prérogatives; ces titres allaient atteindre toutes les naissances, tous les services, toutes les professions. Sous l'Empire, toute idée de caste était détruite, personne ne pensait à se vanter de ses parchemins; on demandait à un homme ce qu'il avait fait, et non de qui il était né.

La première qualité d'un peuple qui aspire à un gouvernement libre est le respect de la loi. Or une loi n'a de force que l'intérêt qu'a chaque citoyen de la respecter ou de l'enfreindre. Pour enraciner dans le peuple le respect de la loi, il fallait qu'elle fût exécutée dans l'intérêt de tous, et qu'elle consacrât le principe de l'égalité dans toute son extension; il fallait recréer le prestige du pouvoir et enraciner dans les mœurs les principes de la révolution, car les mœurs sont le sanctuaire des institutions. A la naissance d'une nouvelle société, c'est le législateur qui fait les mœurs ou qui les corrige, tandis que plus tard ce sont les mœurs qui font les lois ou qui les conservent intactes d'âge en âge. Lorsque les institutions sont d'accord non-seulement avec les intérêts, mais encore avec les sentiments et les habitudes de chacun, c'est alors que se forme cet esprit public, cet esprit général qui fait la force d'un pays, parce qu'il sert de rempart contre tout empiétement de pouvoir, contre toute attaque des partis. « Il y a dans chaque nation, dit Montesquieu, » un esprit général sur lequel la puissance même » est fondée. Quand elle choque cet esprit, elle » se choque elle-même et s'arrête nécessairement.

Cet esprit général, si difficile à créer après une révolution, se forma sous l'Empire par l'établissement de ces codes qui fixaient le droit de chacun, par la morale sévère introduite dans l'administration, par la promptitude avec laquelle le pouvoir réprimait toutes les injustices, enfin par le zèle que l'Empereur mettait sans cesse à satisfaire les besoins matériels et moraux de la nation. Son gouvernement ne commit pas la faute commune à tant d'autres, de séparer les intérêts de l'âme de ceux du corps en rejetant les premiers dans la région des chimères, et en admettant les seconds seuls dans la réalité. Napoléon, au contraire, en donnant l'élan à toutes les passions élevées, en montrant que le mérite et la vertu conduisaient aux richesses et aux honneurs, prouva aux peuples que les sentiments nobles du cœur humain ne sont que les drapeaux des intérêts matériels bien entendus ; de même que la morale chrétienne est sublime, parce que, même comme loi civile, elle est le guide le plus sûr que nous puissions suivre, la meilleure conseillère de nos intérêts privés.

Pour constituer la nation, il ne suffisait pas à l'Empereur de réparer les injustices des gouvernements passés, ou de s'appuyer indistinctement sur toutes les classes, il fallait encore organiser.

Un système de gouvernement embrasse *l'organisation administrative* et *l'organisation politique*. Dans un État démocratique comme était la France, l'organisation administrative avait plus d'importance que dans tout autre ; car elle domine jusqu'à un certain point l'organisation politique. Dans un pays aristocratique, l'action politique étant le partage de toute une classe, les délégués du pouvoir règnent plutôt par leur influence personnelle que par une influence administrative ; la force gouvernementale est répartie entre toutes les familles patriciennes [1]. Mais dans un gouvernement dont la

---

[1] L'Angleterre fournit un exemple à l'appui de cette opinion. Les lords lieutenants des comtés n'ont pas la moitié du pouvoir qu'ont les préfets en France, ils ont le double de force morale. Leur influence vient de leur position dans la société et non de leur emploi ; c'est le *lord* qui gouverne, beaucoup plus que le *lieutenant* du gouvernement.

base est démocratique, le chef seul a la puissance gouvernementale ; la force morale ne dérive que de lui ; tout aussi remonte directement jusqu'à lui, soit haine, soit amour. Dans une telle société, la centralisation doit être plus forte que dans toute autre ; car les représentants du pouvoir n'ont de prestige que celui que le pouvoir leur prête, et pour qu'ils conservent ce prestige, il faut qu'ils disposent d'une grande autorité sans cesser d'être vis-à-vis du chef dans une dépendance absolue, afin que la surveillance la plus active puisse s'exercer sur eux.

ORGANISATION ADMINISTRATIVE.

L'organisation administrative sous l'Empire eut, comme la plupart des institutions de cette époque, un objet momentané à remplir, et un but éloigné à atteindre. La centralisation était alors le seul moyen de constituer la France, d'y établir un régime stable et d'en faire un tout compacte, capable tout à la fois de résister à l'Europe et de supporter plus tard la liberté. L'excès de centralisation, sous l'Empire, ne doit pas être considéré comme un système définitif et arrêté, mais plutôt comme un moyen. Dans toutes les institutions, c'est l'idée prédominante et la tendance générale qu'il faut surtout rechercher et approfondir.

Une bonne administration se compose d'un système régulier d'impôts, d'un mode prompt et égal pour les percevoir, d'un système de finances qui assure le crédit, d'une magistrature considérée qui fasse respecter la loi ; enfin, d'un système de rouages administratifs qui porte la vie du centre aux extrémités et des extrémités au centre. Mais ce qui distingue surtout une bonne administration, c'est lorsqu'elle fait appel à tous les mérites, à toutes les spécialités, pour éclairer sa marche et mettre en pratique tous les perfectionnements ; c'est lorsqu'elle réprime avec force tous les abus, qu'elle améliore le sort des classes pauvres, qu'elle éveille toutes les industries, et qu'elle tient une balance égale entre les riches et les pauvres, entre ceux qui travaillent et ceux qui font travailler, entre les dépositaires du pouvoir et les administrés.

La Convention avait divisé le territoire français en départements ; l'Empereur facilita l'exercice du pouvoir par la création des préfets, sous-préfets, maires et adjoints. La France fut divisée en outre en 398 arrondissements communaux. Chaque département avait un conseil général et un conseil de préfecture ; le premier présidait à la répartition des charges publiques, et surveillait l'agent spécial du pouvoir ; le second décidait des demandes des particuliers envers l'administration.

L'Empereur se félicitait à Sainte-Hélène d'avoir institué un ministre du Trésor et un ministre secrétaire d'État. Le ministre du Trésor concentrait toutes les ressources et contrôlait toutes les dépenses de l'Empire. Du ministre secrétaire d'État émanaient tous les actes; c'était le ministre des ministres donnant la vie à toutes les actions intermédiaires, le grand notaire de l'Empire signant et légalisant toutes les pièces.

L'Empereur introduisit l'ordre et l'économie dans toutes les branches du service, ainsi que dans l'administration des établissements de charité. Il rétablit la direction générale des forêts, de l'enregistrement et des douanes, qui étaient auparavant régies par des administrations collectives. L'administration des forêts fut rendue plus économique et plus simple, celle de l'enregistrement moins onéreuse, par une meilleure distribution des droits à percevoir.

Quant à l'administration militaire, nous voyons dans le *Mémorial de Sainte-Hélène* que Napoléon la trouvait trop étendue : « On avait centralisé à
» Paris, dit-il, la direction des marchés, des four-
» nitures, les confections, et subdivisé la corres-
» pondance du ministère en autant de personnes
» qu'il y avait de régiments. Il fallait au contraire

» centraliser les correspondances et subdiviser les
» ressources en les transportant dans les localités
» elles-mêmes. »

L'*ordre judiciaire* se composait, sous le Directoire, de 417 tribunaux correctionnels, et de 98 tribunaux civils. En 1800, il fut établi, dans chaque arrondissement communal, un tribunal de première instance, connaissant aussi des matières de police correctionnelle ; ce qui rendait la justice plus facile à tous les citoyens. Au-dessus de ces tribunaux de première instance s'élevaient 29 tribunaux d'appel. Chaque département avait un tribunal criminel. A Paris siégeait la cour de cassation. En 1810, les cours d'appel et les cours criminelles furent réunies, et reçurent le titre de cours impériales ; elles connaissaient des matières civiles et des matières criminelles ; les cours de justice criminelle furent supprimées. Les cours d'assises et les cours spéciales étaient une émanation des cours impériales.

La réunion de ces deux justices avait deux avantages : le premier, de donner une garantie à l'accusé en le soumettant à une juridiction moins rigoureuse, puisqu'elle n'aurait plus l'habitude de ne chercher que des crimes dans les affaires qui lui étaient soumises. En second lieu, la magistrature civile étant généralement honorée, et la magistrature criminelle, étant, au contraire, par la nature même de ses attributions, impopulaire, la fusion de ces deux corps judiciaires avait pour résultat de faire participer la magistrature criminelle à la considération qui entourait la magistrature civile.

Comme preuve de la bonté des institutions judiciaires sous l'Empire, il n'est pas inutile de remarquer que les crimes allèrent toujours en diminuant, et que le nombre des prisonniers d'État, qui était de 9,000 au 18 brumaire, se trouve réduit à 150 en 1814.

Les *finances* d'un grand État devaient, suivant l'Empereur, offrir les moyens de faire face aux circonstances extraordinaires, et même aux vicissitudes des guerres les plus acharnées, sans qu'on fût obligé d'avoir recours à de nouveaux impôts dont l'établissement est toujours difficile. Son système consistait à en avoir un grand nombre, qui pesaient peu sur le peuple en temps ordinaire, et dont le taux s'élèverait ou s'abaisserait suivant les besoins, au moyen des centimes additionnels.

On sait à combien d'abus était soumis le recouvrement des impôts avant le 18 brumaire; aussi le Trésor ne possédait-il à cette époque que 150,000 francs. Les rentes et pensions de l'État n'étaient payées qu'en papier qui perdait considérablement sur la place. Les produits versés au

Trésor se composaient de plus de quarante espèces. Il était impossible de faire un budget.

Au commencement du consulat, Pitt, notre terrible adversaire, voyait dans le manque d'argent et de crédit la ruine prochaine de la France. Il ignorait toutes les ressources que pouvait en tirer un gouvernement habile et fort. Un an, en effet, suffit à Napoléon, après le 18 brumaire, pour régulariser le recouvrement des contributions, de telle sorte que, tout en abolissant les moyens violents, il avait fait face aux dépenses, diminué les impôts, rétabli le numéraire effectif, et possédait en portefeuille trois cents millions de valeurs.

« Des finances fondées sur une bonne agricul- » ture ne se détruisent jamais, » disait le premier consul [1]. Les faits lui ont donné raison.

Par l'ordre et la régularité qu'il introduisit dans l'administration et dans les budgets, il fit revivre le crédit. Il favorisa la création de la Banque de France ; mais, tout en la rendant indépendante du gouvernement, il se réservait sur elle une action de contrôle. Il demandait, non qu'elle lui prêtât de l'argent, mais qu'elle présentât des facilités pour réaliser à bon marché les revenus de l'État, aux époques et dans les lieux convenables. Il se

---

[1] Lettre de Napoléon au roi d'Angleterre.

montra constamment disposé à venir à son aide dans les moments difficiles. « Malgré le mauvais esprit et la méfiance dont quelques régents sont animés, disait-il en 1805, j'arrêterai, s'il le faut, la solde de mes troupes pour soutenir la Banque. » Il avait l'intention d'ériger des succursales de cet établissement dans toutes les grandes villes de France.

Il créa un ministre du Trésor, indépendant du ministre des finances. Il ne voulait pas d'alliance entre la Banque et le Trésor, parce qu'il pensait qu'un simple mouvement de fonds peut porter avec lui le secret de l'État. Une des plus importantes innovations qui eurent lieu à la trésorerie fut l'introduction de la comptabilité en partie double.

La France doit se féliciter de ce que le système d'emprunt qui écrase aujourd'hui l'Angleterre n'ait pas été mis en vigueur sous l'Empire. Napoléon avait posé les principes contraires en fixant, par une loi spéciale, le montant de la dette publique à quatre-vingts millions de rentes.

On peut compter parmi les améliorations qu'on doit à l'Empire la loi qui obligeait les receveurs généraux, les notaires et les agents de change à fournir des cautionnements. Pour un gouvernement nouveau, il était essentiel que le cours de la dette se maintînt en état progressif; et la conséquence naturelle de cette nécessité était un droit de police et de surveillance sur les hommes qui, ne spéculant que sur la variation de ce cours, peuvent avoir intérêt à lui imprimer un mouvement rétrograde. Les investigations éclairées de l'Empereur allèrent jusqu'à faire rectifier le taux des rentes viagères, comme n'étant pas d'accord avec le calcul des probabilités.

Il fonda la caisse d'amortissement. Il s'exprimait ainsi à cette occasion : « On dit qu'une caisse d'amortissement ne doit être qu'une machine à emprunt; cela peut être vrai; mais *le temps n'est pas venu pour la France de fonder ses finances sur des emprunts.* » Il installa une caisse de service qui était spécialement chargée d'opérer avec célérité dans les départements l'application locale des recettes aux dépenses. Elle ouvrait des comptes courants aux receveurs généraux.

Il avait l'intention de créer des caisses d'activité, dont les sommes croissantes eussent été consacrées aux travaux d'amélioration publique. Il y aurait eu la caisse d'activité de l'Empire pour les travaux généraux, la caisse des départements pour les travaux locaux, la caisse des communes pour les travaux municipaux.

En 1806, le droit de passe et de taxe sur les routes fut supprimé, et une loi autorisa l'établissement d'octrois municipaux dans les villes où les hospices civils n'avaient pas de revenus suffisants.

Le conseil de liquidation, installé en 1802, cessa ses travaux le 30 juin 1810. Il avait ainsi liquidé toutes les dettes de l'État; cette longue plaie de la révolution, comme le dit M. Thibaudeau, était enfin fermée [1].

L'Empereur estimait qu'il fallait à la France un budget de 800,000,000 pour l'état de guerre, et de 600,000,000 pour l'état de paix. Le budget, sous l'Empire, n'a jamais dépassé le chiffre ci-dessus, excepté après les revers de Moscou; il était donc, malgré la guerre, de 400,000,000 moins élevé que celui dont vingt-quatre années d'une paix profonde ont grevé la France [2]. L'Empereur ne dépensait pas pour lui la moitié de sa liste civile, et il employait l'excédant soit à former un fonds de réserve, soit à faire exécuter des travaux publics, soit à seconder les manufactures. En 1814, toutes ses réserves furent consacrées à soutenir la guerre nationale.

Un bon système de comptabilité est le complément indispensable d'un bon système de finances.

---

[1] Thibaudeau, tome VIII, p. 28.
[2] Voir les budgets de l'Empire dans les pièces à l'appui.

La constitution de l'an VIII avait conservé une commission de comptabilité chargée de juger les comptes ; elle n'avait pu suffire aux travaux immenses accumulés sur elle. Depuis 1792 jusqu'en 1807, sur 11,477 comptes, elle n'en avait jugé que 8,793 [1]. L'Empereur, jaloux de tout régulariser, établit la cour des comptes, qui mit au courant cette partie importante du service public.

On a reproché à l'Empereur d'avoir, dans le prélèvement des impôts, trop favorisé la propriété foncière. Il pensait que pendant la paix il fallait ménager la ressource des impôts directs, parce que ce sont les seuls qui pendant la guerre supportent toutes les charges, et qu'il fallait profiter de l'activité que la paix imprime aux consommations pour leur demander des contributions indirectes, qu'elles ne peuvent plus fournir en temps de guerre. D'ailleurs, un but politique aurait pu présider à cette préférence momentanée ; car il faut remarquer que les changements politiques survenus depuis 1789 avaient créé environ dix millions de propriétaires fonciers ; que ces propriétaires, dont tous les intérêts se rattachaient à la révolution, étaient la classe que le gouvernement devait surtout ménager ; car c'était cette masse de nouveaux acquéreurs qui était

---

[1] Thibaudeau, tome VIII, p. 130.

appelée à former l'esprit public. L'Empereur disait un jour au Conseil d'État : « Le système d'imposi-
» tions est mauvais ; il fait qu'il n'y a ni propriété
» ni liberté civile ; car la liberté civile dépend de
» la sûreté de la propriété. Il n'y en a point dans
» un pays où l'on peut chaque année changer le
» vote du contribuable. Celui qui a 3,000 francs de
» rente ne sait pas combien il lui en restera l'année
» suivante pour exister. On peut absorber tout son
» revenu par la contribution. On voit, pour un mi-
» sérable intérêt de 50 à 100 francs, plaider so-
» lennellement devant un grave tribunal, et un sim-
» ple commis peut, d'un seul coup de plume, vous
» surcharger de plusieurs milliers de francs ! Il n'y
» a donc plus de propriété ! Lorsque j'achète un
» domaine, je ne sais pas ce que je fais. En Lom-
» bardie, en Piémont, il y a un cadastre ; chacun
» sait ce qu'il doit payer. Le cadastre est invariable,
» on n'y fait des changements que dans des cas ex-
» traordinaires, et après un jugement solennel. Si
» l'on augmente la contribution, chacun en supporte
» sa part au marc la livre, et peut faire ce calcul
» dans son cabinet. On sait alors ce qu'on a ; il y a
» une propriété. Pourquoi n'y a-t-il pas d'esprit
» public en France ? C'est qu'un propriétaire est
» obligé de faire sa cour à l'administration. S'il est
» mal avec elle, il peut être ruiné. Le jugement des

» réclamations est arbitraire. C'est ce qui fait que
» chez aucune autre nation on n'est aussi servile-
» ment attaché au gouvernement qu'en France,
» parce que la propriété y est dans la dépendance.
» En Lombardie, au contraire, un propriétaire vit
» dans sa terre sans s'inquiéter qui gouverne. On
» n'a jamais rien fait en France pour la propriété.
» Celui qui fera une bonne loi sur le cadastre mé-
» ritera une statue. » En 1810, le cadastre parcel-
laire était exécuté dans 3,200 communes ; environ
600,000 propriétaires jouissaient de l'égalité pro-
portionnelle dans les communes cadastrées.

La propriété des mines n'avait jamais été réglée
qu'imparfaitement. En 1810, elle fut régularisée
par des lois, et l'Empereur créa un corps d'ingénieurs des mines.

L'*amélioration des classes pauvres* fut une des
premières préoccupations de l'Empereur. Dans une
lettre au ministre de l'intérieur, du 2 novembre
1807, il dit qu'il attache à la destruction de la mendicité une grande idée de gloire. Il fit établir des
dépôts de mendicité ; quarante-deux existaient déjà
en 1809. Pour trouver les moyens efficaces de
soulager la misère du peuple, il provoquait les avis
de tous les publicistes. Il institua la Société mater-
nelle, qui devait avoir un conseil d'administration

dans chacune des grandes villes de l'Empire. L'institution des Sœurs de la charité fut rétablie avec tous ses anciens avantages, sans les abus qui en avaient altéré la destination. Six maisons destinées à recueillir les orphelines de la Légion d'honneur, jusqu'au nombre de 600, furent créées en 1810. L'Hôtel des Invalides reçut en 1803 une nouvelle organisation, et on lui adjoignit sur divers points plusieurs succursales. Napoléon créa des camps pour les vétérans, où chacun de ceux qui y étaient admis avait une habitation rurale, une portion de terre d'un revenu net, égal à la somme de retraite.

En 1807, on rendit aux hospices les biens qu'un décret de la Convention avait aliénés.

Les condamnés par les tribunaux criminels et par la police correctionnelle restaient confondus dans les prisons avec les prévenus et les accusés. Le gouvernement adopta le système des prisons centrales, pour les condamnés à une année au moins de détention.

L'Empereur voulait que tout dans le culte fût gratuit, et, pour le peuple, que l'inhumation du pauvre fût faite gratuitement et décemment. « On n'avait pas le droit, disait-il, de mettre un impôt sur les morts; on ne devait pas priver les pauvres, parce qu'ils sont des pauvres, de ce qui les console de la pauvreté. » Il ordonna que les églises fussent ouvertes gratuitement au public; que si l'église était tendue de noir pour un riche, on ne la détendrait qu'après le service du pauvre. Il avait eu l'intention de faire réduire le dimanche les places du parterre du Théâtre-Français à un franc, afin que le peuple pût jouir des chefs-d'œuvre de notre littérature. Dans le discours qu'il prononça en 1807 devant le Corps législatif, il dit que dans toutes les parties de son empire, même dans le plus petit hameau, l'aisance des citoyens et la valeur des terres se trouveraient bientôt augmentées par l'effet du système général d'amélioration qu'il avait conçu.

La guerre l'empêcha de réaliser complétement un aussi grand projet, et arrêta l'exécution d'une foule d'autres améliorations philanthropiques, parmi lesquelles nous citerons le désir de faire cesser les inconvénients existant à la maison de dépôt de la préfecture de police, à Paris, où l'on voit les plus honnêtes gens exposés à passer la nuit confondus avec des voleurs et des scélérats.

Communes. — L'administration de la France était une machine qui s'organisait. Il fallait, comme cela a été dit plus haut, tout centraliser pour améliorer, vivifier, fonder, sauf à reporter ensuite à la circonférence la part de pouvoir que le centre avait absorbée momentanément.

L'Empereur sentait toute l'importance d'une bonne administration communale; il disait qu'il fallait bien se garder de détruire l'esprit municipal. Il soutenait souvent les maires contre les préfets, et voulait que ceux-ci assistassent à l'installation des maires. Suivant son opinion, les octrois devaient être administrés dans l'intérêt des communes par les maires, et les préfets devaient se borner à une simple surveillance.

Pour encourager dans les communes rurales des échanges propres à faire disparaître la dissémination et l'enchevêtrement des pièces de terre, le gouvernement exempta des droits d'enregistrement la première commune dont les habitants auraient exécuté cette opération par un accord général.

L'esprit communal est un esprit essentiellement conservateur; tout ce qu'il a acquis, que ce soit un abus ou un avantage, il le garde avec la même ténacité. Pour régénérer la commune, il fallait la priver momentanément d'une partie de ses droits, jusqu'à ce que son éducation fût faite; alors seulement on lui eût rendu, sans crainte pour le bien général, une plus grande indépendance. La prospérité des communes fut l'objet de toute la sollicitude de l'Empereur. Le plan qu'il avait conçu pour améliorer leur état se trouve développé dans une lettre écrite par lui au ministre de l'intérieur, et que nous reproduisons à la fin de cet écrit.

« Travailler, disait-il, à la prospérité des 36,000 communautés, c'est travailler au bonheur de 30 millions d'habitants, en simplifiant la question, en diminuant la difficulté de tout ce qu'établit de différence le rapport de 36,000 à 30,000,000. » Dans ce but, l'Empereur classa les communes en trois catégories : communes endettées, communes au courant, communes ayant des ressources disponibles. D'après des moyens qu'il explique au ministre de l'intérieur, cinq années auraient suffi pour faire disparaître les municipalités endettées ; il n'y aurait plus eu alors que deux classes de communes : communes ayant des ressources disponibles, et communes au courant ; et au bout de dix ans la France n'aurait plus compté que des communes ayant des ressources disponibles.

« L'aliénation des biens des communes, sous le rapport des progrès de l'agriculture, était, disait l'Empereur, la plus grande question d'économie politique qu'on pût agiter. » Elle fut tranchée par les besoins impérieux de la guerre. En 1813, on vendit les terres, maisons et usines appartenant aux communes; on leur laissa les bois, pâtis, pâturages, tourbières et autres biens dont les habitants jouissaient en commun, ou dont ils ne tiraient aucun loyer; aussi bien que les édifices affectés au service public, et les emplacements qui concouraient à la salubrité des lieux ou à l'agrément. Les biens à vendre étaient cédés à la caisse d'amortissement. Les communes recevaient, en inscriptions à cinq pour cent, une rente proportionnée au revenu net de leurs biens cédés.

On voit clairement par ce qui précède que les intentions de l'Empereur étaient toutes portées vers l'amélioration du bien-être matériel du pays. On voit encore que lorsque les désastres de la guerre le forcent à recourir à des expédients, les ressources qu'il sait se créer ne sont pas désastreuses pour le pays, et qu'elles ne ressemblent guère à tous les moyens employés par d'autres gouvernements dans des circonstances analogues. Il n'y eut ni papier-monnaie, ni emprunt forcé, ni emprunt écrasant, ni altération de la valeur de la monnaie, comme cela se fit sous Frédéric le Grand.

L'Empereur avait fait une distinction précise entre les ressources d'un État. « Jadis, disait-il, on ne connaissait qu'une espèce de propriété, celle du terrain; il en est survenu une nouvelle, celle de l'industrie, aux prises en ce moment avec la première ; c'est la grande lutte des champs contre les comptoirs, des créneaux contre les métiers ; puis une troisième, celle dérivant des énormes charges perçues sur les administrés, et qui, distribuées par les mains neutres et impartiales du gouvernement, peuvent garantir du monopole des deux autres, leur servir d'intermédiaire, et les empêcher d'en venir aux mains. » Il faisait la classification suivante :

L'agriculture, l'âme, la base de l'Empire.

L'industrie, l'aisance, le bonheur de la population.

Le commerce extérieur, la surabondance, le bon emploi des deux autres.

Le commerce extérieur, infiniment au-dessous des deux autres dans ses résultats, leur a été aussi constamment subordonné dans la pensée de Napoléon. « Celui-ci est fait pour les deux autres, disait-il ; les deux autres ne sont pas faits pour lui. Les intérêts de ces trois bases essentielles sont divergents, souvent opposés. Je les ai constamment servis dans leur rang naturel. »

L'*agriculture* n'a cessé de faire de grands progrès sous l'Empire [1]. « C'est par des comparaisons

---

[1] Voyez à la fin de l'ouvrage l'exposé de la situation de l'Empire, présenté en 1813 par le ministre de l'intérieur.

et des exemples, disait Napoléon, que l'agriculture, comme tous les autres arts, se perfectionne. » Il ordonnait aux préfets de lui faire connaître les propriétaires cultivateurs qui se distingueraient, soit par une culture mieux entendue et mieux raisonnée, soit par une éducation plus soignée des bestiaux et par l'amélioration des espèces. Dans les départements qui étaient arriérés pour la culture, on engageait les bons propriétaires à envoyer leurs enfants étudier la méthode usitée dans les départements où l'agriculture était florissante. Des éloges et des distinctions étaient décernés à ceux qui avaient le mieux profité.

Le code rural, projeté dès 1802, fut soumis en 1808 à des commissions consultatives, formées dans chaque ressort de cour d'appel, et composées de juges, d'administrateurs et d'agriculteurs les plus distingués. Il ne put être achevé sous l'Empire.

En 1807, le gouvernement créa dans l'école vétérinaire d'Alfort une chaire d'économie rurale.

L'*industrie* non-seulement fut encouragée sous l'Empire, mais on peut dire qu'elle fut en quelque sorte créée ; elle atteignit en peu de temps un degré extraordinaire de prospérité.

L'Empereur en disant que l'industrie était une nouvelle propriété, exprimait d'un seul mot son importance et sa nature. L'esprit de propriété est par lui-même envahissant et exclusif. La propriété du sol avait eu ses vassaux et ses serfs. La révolution affranchit la terre; mais la nouvelle propriété de l'industrie, s'agrandissant journellement, tendait à passer par les mêmes phases que la première, et à avoir comme elle ses vassaux et ses serfs.

Napoléon prévit cette tendance inhérente à tout système dont les progrès sont des conquêtes, et tout en protégeant les maîtres des établissements industriels, il n'oublia pas aussi le droit des ouvriers. Il établit à Lyon, et plus tard dans d'autres villes manufacturières, un conseil de prud'hommes, véritables juges de paix de l'industrie, qui étaient chargés de régler les différends qui pouvaient naître entre ceux qui travaillent et ceux qui font travailler. Des règlements furent publiés sur la police des fabriques, les marques particulières, le contentieux, les obligations respectives des ouvriers et des fabricants. Des chambres consultatives de manufactures, fabriques, arts et métiers, furent instituées. On installa au ministère de l'intérieur un conseil général de fabriques et de manufactures. L'Empereur prêta souvent sur sa liste civile à des manufactures qui, faute de débit, étaient dans le cas de suspendre leurs travaux. Son intention était de venir au secours de l'industrie par l'établissement d'une caisse particulière. Il écrivait, après la bataille d'Eylau, au ministre de l'intérieur : « Mon but n'est pas d'empêcher tel négociant de faire banqueroute ; les finances de l'État n'y suffiraient pas : mais d'empêcher telle manufacture de se fermer. Mon but est de suppléer à la vente en prêtant. Je veux bâtir un établissement stable et perpétuel, et le doter de quarante à cinquante millions, de manière que le défaut de débit soit moins cruel pour le manufacturier. »

L'Empereur releva l'industrie en faisant concourir les sciences à son amélioration. « Si l'on m'eût laissé le temps, disait-il, bientôt il n'y aurait plus eu de métiers en France; tous eussent été des arts. » En effet la chimie et la mécanique furent sous son règne employées à perfectionner toutes les branches d'industrie. Aussi que de machines furent créées, que d'inventions virent le jour durant le régime impérial !

Si l'esprit d'association n'a pas fait plus de progrès en France, ce n'est pas faute d'encouragement de la part du chef de l'État; car au milieu des préoccupations de la guerre, il ordonna au ministre de l'intérieur de chercher à vendre à des compagnies les canaux qui étaient achevés, et lui enjoignit en 1807 de faire exécuter le pont d'Iéna en fer, comme le pont des Arts, par une compagnie.

L'Empereur s'opposa toujours au rétablissement des jurandes et des maîtrises. Il établit des écoles d'arts et de métiers à Châlons. Les prix les plus élevés furent fondés pour encourager toutes les inventions. Une somme d'un million fut promise à l'inventeur de la meilleure machine pour filer le lin ; un premier prix de 40,000 fr. et un second de 20,000, à l'auteur de la machine la plus propre à ouvrir, carder, peigner et filer la laine.

Il créa des manufactures de coton, qui comportent le coton filé, le tissu, enfin l'impression. Avant l'Empire, l'art de filer le coton n'était pas pratiqué en France ; les tissus nous venaient de l'étranger. Le coton fut cultivé avec avantage au midi de la France, en Corse, en Italie ; on en évalua en 1810 la récolte à 100,000 kilogrammes. Les mérinos furent élevés et répandus dans tout l'Empire. Napoléon ordonna qu'on fît des fouilles pour chercher du granit, et c'est à cet ordre qu'on doit les carrières qu'on exploite aujourd'hui[1]. Les produits européens remplacèrent les produits exotiques ; le pastel suppléa à l'indigo ; la betterave fut substituée à la canne à sucre, et la garance à la cochenille ; les fa-

[1] Bignon.

briques de soudes artificielles remplacèrent les soudes étrangères; et maintenant tous ces différents produits sont, pour la plupart, une source de richesses pour la France. La fabrication du sucre de betterave s'élève à 50,000,000 de kilogrammes par an.

Le *commerce* extérieur au delà des mers ne put, à cause de la guerre, avoir une grande extension; mais le commerce intérieur prit un immense développement; car on peut dire qu'alors le commerce intérieur était le commerce européen, depuis Hambourg jusqu'à Rome.

Un conseil général de commerce fut installé près du ministre de l'intérieur, de même qu'il en avait été établi un pour l'industrie.

Dans tous ses traités, l'Empereur vise toujours à favoriser le commerce français. En 1808, il ouvre des débouchés en Espagne aux produits nationaux, en faisant supprimer les prohibitions sur les soieries de Lyon, de Tours et de Turin. Il assure un pareil accès au drap de Carcassonne, à la toile de Bretagne, à la quincaillerie française. Il veut que le commerce établisse à Pétersbourg des maisons françaises, qui reçoivent des marchandises de France, et fassent venir en France des marchandises russes. Et c'est encore grâce à un traité fait par l'Empereur avec la Russie, que la France tire aujourd'hui de ce pays les bois de construction nécessaires à sa marine.

Le code commercial fut terminé et adopté en 1807.

Les *travaux publics*, que l'Empereur fit exécuter sur une si grande échelle, furent non-seulement une des causes principales de la prospérité intérieure, mais ils favorisèrent même un grand progrès social. En effet, ces travaux, en multipliant les communications, produisaient trois grands avantages : le premier, d'employer tous les bras oisifs et de soulager ainsi les classes pauvres; le second, de favoriser l'agriculture, l'industrie et le commerce, la création de nouvelles routes et de canaux augmentant la valeur des terres, et facilitant l'écoulement de tous les produits. Le troisième, enfin, était de détruire l'esprit de localité, et de faire disparaître les barrières qui séparent non-seulement les provinces d'un État, mais les différentes nations, en facilitant tous les rapports des hommes entre eux, et en resserrant les liens qui doivent les unir. On trouvera à la fin de l'ouvrage le relevé des principaux travaux publics exécutés sous l'Empire. Le système de Napoléon consistait à faire faire par l'État un grand nombre de constructions, et, une fois celles-ci terminées, de les revendre et d'affecter le produit de cette vente à l'exécution d'autres travaux. Il est important de remarquer que, malgré la guerre, l'Empereur trouva le moyen de dépenser en douze ans 1,005,000,000 pour des travaux publics; et l'homme qui eut tant de trésors à sa disposition, qui distribua 700 millions en dotations, n'eut jamais de propriétés particulières !

L'*instruction publique* devait, sous un régime éclairé comme l'était celui de l'Empire, participer à l'impulsion imprimée par le chef de l'État à toutes les branches de l'administration. « Il n'y a, disait
» l'Empereur, que ceux qui veulent tromper les
» peuples et gouverner à leur profit qui peuvent
» vouloir les retenir dans l'ignorance; car plus les
» peuples seront éclairés, plus il y aura de gens
» convaincus de la nécessité des lois, du besoin de
» les défendre, et plus la société sera assise, heu-
» reuse, prospère; et s'il peut arriver jamais que
» les lumières soient nuisibles à la multitude, ce ne
» sera que quand le gouvernement, en hostilité
» avec les intérêts du peuple, l'acculera dans une
» position forcée, ou réduira la dernière classe à
» mourir de misère; car alors il se trouvera plus
» d'esprit pour se défendre ou devenir criminel. »

La Convention nationale avait déjà beaucoup fait en renversant l'édifice gothique de l'enseignement. Mais, dans les moments de troubles, il est difficile de fonder ; et les établissements d'instruction projetés étaient restés imparfaits. Il n'y avait d'écoles primaires que dans les villes ; les écoles centrales étaient désertes. Napoléon divisa, en 1802, l'enseignement en trois classes : 1° les écoles municipales ou primaires ; il devait en être créé 23,000 ; 2° les écoles secondaires, ou colléges communaux ; 3° les lycées et les écoles spéciales, entretenues aux frais du Trésor. L'Institut était la tête de tout l'édifice. La plus grande activité fut imprimée à la création des écoles, que se disputèrent à l'envi les villes et les départements, et dont ils offrirent de faire les frais.

On établit d'abord quarante-cinq lycées : il devait y en avoir un au moins par arrondissement de chaque tribunal d'appel. Trois commissions de savants parcoururent le pays, pour verser dans les lycées tous les matériaux de l'instruction. Il y avait 6,400 élèves pensionnaires de l'État.

Le gouvernement fit faire des ouvrages pour l'enseignement des mathématiques par La Place, Monge et Lacroix, d'histoire naturelle par Duméril, de minéralogie par Brongniart, de chimie par Adet, d'astronomie par Biot, de physique par Haüy.

La dénomination de prytanée français, sous

laquelle jusqu'alors avaient été compris plusieurs colléges, fut donnée, en 1803, au seul collége de Saint-Cyr, école gratuite réservée aux fils de militaires morts sur le champ de bataille. Les élèves de cette école, après avoir subi des examens, passaient à l'École spéciale de Fontainebleau, qui fut aussi créée à cette époque.

On établit une École spéciale de marine et des vaisseaux-écoles à Toulon et à Brest.

On créa deux Écoles pratiques des mines, l'une à Geislautern, département de la Saar; l'autre à Pesey, département du Mont-Blanc.

En 1806, l'Empereur sentit le besoin de régulariser l'instruction par un système général. On a reproché à ce système d'entraver la liberté ; mais, comme il a été dit plus haut, le temps de la liberté n'était pas venu ; et lorsqu'un gouvernement se trouve à la tête d'une nation qui vient de s'affranchir de toutes les idées du passé, il est de son devoir non-seulement de diriger la génération présente, mais d'élever la génération qui surgit dans les principes qui ont fait triompher cette révolution. « Il n'y aura pas d'état politique fixe, dit l'Em» pereur, s'il n'y a pas de corps enseignant avec » des principes fixes; sa création, au contraire, » fortifiera l'ordre civil. »

Tout en renfermant des restrictions, le système d'éducation était un beau et grand monument, et se trouvait en harmonie avec l'ensemble de l'organisation impériale, qui s'adressait à toutes les capacités, frayait le chemin, le traçait avec précision, en faisant disparaître toutes les entraves qui empêchaient de le parcourir. Vous tous qui voulez vous livrer à l'art d'enseigner, comme vous qui voulez vous vouer soit à l'art de guérir, soit à la science du jurisconsulte, la carrière vous est ouverte; pourvu que la société ait les garanties suffisantes que vous êtes capables d'enseigner la morale et non le vice; que vous savez distinguer les plantes bienfaisantes des sucs vénéneux, ou que, élèves de la loi, vous en avez étudié l'esprit, et que vous saurez la défendre!

Les premières dispositions adoptées par Napoléon avaient fait faire de grands progrès à l'instruction publique. De nombreuses écoles s'étaient élevées; mais elles étaient isolées et indépendantes les unes des autres. L'état des hommes qui se consacraient à l'enseignement n'était pas assuré; ils n'étaient point assujettis à un règlement commun. L'Empereur conçut le projet de lier par des rapports immédiats tous ces établissements, en réunissant en un corps tous les professeurs, et en relevant l'importance de leur état à l'égal des emplois les plus considérés.

L'enseignement public dans tout l'Empire fut confié exclusivement à l'Université. Elle était composée d'autant d'académies qu'il y avait de cours d'appel. Les écoles appartenant à une académie étaient placées dans l'ordre suivant : 1° les facultés pour les sciences approfondies et pour la collation des grades ; 2° les lycées ; 3° les colléges, et les écoles secondaires communales ; 4° les institutions, écoles tenues par des instituteurs particuliers ; 5° les pensionnats, appartenant à des maîtres particuliers et consacrés à des études moins fortes que celles des institutions ; 6° les petites écoles, écoles primaires. Les petits séminaires étaient sous la surveillance de l'Université.

Il y avait cinq ordres de facultés, celles de théologie, de droit, de médecine, des sciences mathématiques et physiques. Il y avait une faculté de théologie par église métropolitaine, en outre une à Strasbourg et une à Genève pour la religion réformée. Les écoles de droit formaient douze facultés ; les cinq écoles de médecine en formaient cinq. Une faculté des sciences et une faculté des lettres étaient établies auprès de chaque lycée chef-lieu d'une académie.

Dans chaque faculté les grades étaient le baccalauréat, la licence, le doctorat, qui étaient conférés à la suite d'examens.

La hiérarchie administrative et d'enseignement comprenait dix-neuf degrés. Nul ne pouvait être appelé à une place qu'après avoir passé par les places inférieures et obtenu dans les différentes facultés des grades correspondant à la nature et à l'importance des fonctions. Les fonctionnaires étaient divisés en titulaires, en officiers de l'Université et en officiers des académies ; ils étaient soumis à une discipline sévère. Après un service de trente années sans interruption, ils pouvaient être déclarés émérites et obtenir une pension de retraite.

L'Université était régie et gouvernée par le grand maître, nommé par l'Empereur, et révocable.

Le conseil de l'Université était composé de trente membres. Au chef-lieu de chaque académie, il y avait un conseil académique de dix membres.

Il y avait des inspecteurs généraux de l'Université chargés de visiter les établissements d'instruction par ordre du grand maître.

Il devait être établi auprès de chaque académie, et dans l'intérieur des colléges et des lycées, une ou plusieurs écoles destinées à former de bons maîtres pour les écoles primaires.

L'Université devait tendre sans relâche à perfectionner l'enseignement dans tous les genres, à favoriser la composition des ouvrages classiques, et veiller surtout à ce que l'enseignement des sciences fût toujours au niveau des connaissances acquises, et à ce que l'esprit de système ne pût jamais en arrêter les progrès.

Les lycées, dont le nombre fut porté à cent en 1811, devaient être la pépinière des professeurs, des recteurs, des maîtres d'étude. L'Empereur voulait qu'on leur donnât de grands motifs d'émulation, afin que les jeunes gens qui se voueraient à l'enseignement eussent la perspective de s'élever d'un grade à l'autre jusqu'aux premières places de l'État. Il y eut dans chaque lycée vingt élèves entretenus aux frais du gouvernement; quatre-vingts l'étaient par moitié et cinquante aux trois quarts, afin de faciliter aux talents pauvres les moyens de se produire.

Dans l'élan qu'il imprima à l'instruction, Napoléon remplaça l'étude des langues mortes, qui étaient presque exclusivement enseignées auparavant, par l'étude plus utile des sciences physiques et mathématiques, et ce fut dans le même esprit qu'il s'opposa à la prééminence qu'on voulait donner à la médecine sur la chirurgie.

L'École polytechnique, dont la fondation appartient au Directoire, prit un grand développement et fournit des officiers distingués aux armées, et des savants dans toutes les autres branches de la science pratique.

L'École normale, dont l'établissement avait été projeté sous la Convention, reçut sa destination salutaire sous l'Empire.

Napoléon créa, sous le titre de maisons impériales, deux établissements distincts : l'un pour l'éducation des filles des membres de la Légion d'honneur, l'autre pour l'éducation des orphelines. Dans le premier, on recevait une instruction brillante; dans le second, les orphelines apprenaient tous les ouvrages de femme propres à leur donner les moyens de gagner leur vie.

Il fut pourvu au sort des enfants dont l'éducation était confiée à la charité publique; ils formaient trois classes : les enfants trouvés, les enfants abandonnés, les orphelins pauvres. Un hospice dans chaque arrondissement fut chargé de les recevoir.

On créa à Rouen une École de préparation anatomique. L'École des arts et métiers, fondée en 1803 à Compiègne et transférée ensuite à Châlons-sur-Marne, avait pour objet de répandre partout les bienfaits d'une éducation industrielle. En 1806 on en créa une seconde à Beaupréau, et une troisième dans l'abbaye de Saint-Maximilien, près de Trèves.

L'École française des beaux-arts, à Rome, fut remise en activité et transférée à la villa Medici. On y envoya quinze élèves.

L'Empereur ne se borna pas à créer des écoles, il stimula encore tous les genres de mérite par des prix et des récompenses auxquels, dans un grand but d'émulation, il fit concourir tous les savants de l'Europe. Un prix de 60,000 fr. fut institué pour celui qui ferait faire des progrès au galvanisme; et un autre, consistant en une médaille de 3,000 fr., pour la meilleure expérience qui, au jugement de l'Institut, serait faite chaque année sur ce même sujet. En 1808, le célèbre chimiste anglais Davy gagna le prix annuel de l'Institut.

Les prix décennaux, qui furent alors fondés, étaient un encouragement offert à toutes les sciences et à tous les arts. Il y en avait neuf de 10,000 fr., et treize de 5,000.

Parmi les nombreux encouragements accordés aux sciences, il faut mentionner le prix de 12,000 fr., qui fut promis à l'auteur du meilleur mémoire sur la maladie du croup.

L'Empereur consacra le droit de propriété aux héritiers des auteurs morts ayant laissé des ouvrages posthumes.

Il avait conçu l'idée d'ériger une sorte d'université littéraire, composée d'une trentaine de chaires si bien coordonnées, qu'elles présentassent comme une sorte de bureau destiné à faciliter les recherches littéraires, géographiques, historiques et politiques ; où, par exemple, quiconque voudrait connaître une époque pût s'informer des ouvrages qu'il devait lire, des mémoires, des chroniques qu'il devait consulter ; où tout homme, enfin, qui voudrait parcourir une contrée pût se procurer les renseignements nécessaires sur son voyage.

« Le seul encouragement raisonnable pour la littérature, disait l'Empereur, ce sont les places de l'Institut, parce qu'elles donnent aux poëtes un caractère dans l'État. » Il aurait voulu que la seconde classe de l'Institut formât une sorte de tribunal littéraire chargé de faire une critique raisonnée et impartiale des écrits de quelque mérite qui viendraient à paraître.

Il n'épargna rien pour honorer la mémoire des savants qui étaient morts. D'Osterode, tout couvert de la poussière des batailles, il ordonna de placer la statue de d'Alembert dans la salle des séances de l'Institut. Il fit élever des mausolées à Voltaire et à Rousseau.

Les bustes de Tronchet et de Portalis, les rédacteurs du premier projet du Code Napoléon, furent placés dans la salle du conseil d'État.

A Cambrai, un monument fut élevé aux cendres de Fénelon.

Malgré les guerres, le gouvernement impérial ne négligea rien de ce qui pouvait avancer les sciences. C'est ainsi qu'en 1806, entre autres, il ordonna la publication, à ses frais, de la relation des voyages et découvertes faits, de 1800 à 1804, par Perron, Lesueur et le capitaine Baudin.

Biot et Arago furent envoyés en Espagne pour continuer la mesure de l'arc du méridien jusqu'aux îles Baléares.

L'Institut national fut chargé de dresser un tableau général des progrès des sciences, des lettres et des arts depuis 1789; il était tenu de le faire présenter tous les cinq ans au gouvernement par une députation. Ce corps devait en outre proposer ses vues sur les découvertes dont il croirait l'application utile au service public, sur les secours et les encouragements dont les sciences, les arts et les lettres auraient besoin, et sur le perfectionnement des méthodes employées dans les différentes branches de l'enseignement public.

On voit donc que l'Empereur donna à l'instruction le même élan qu'à l'industrie, et l'on peut dire avec Thibaudeau [1] que ce sont les élèves des lycées qui, après la chute de l'Empire, ont continué dans les arts, les sciences et les lettres, la gloire de la France.

De l'armée. — Il serait hors de notre sujet d'examiner toutes les améliorations que subit l'organisation de l'armée, et de raconter les hauts faits qui l'ont illustrée. L'univers entier connaît les exploits de ces soldats héroïques qui depuis Arcole jusqu'à Waterloo secondèrent les entreprises gigantesques de Napoléon, et mouraient pour lui avec bonheur, parce qu'ils savaient que c'était mourir pour la France. Il serait d'ailleurs trop long de retracer tout ce que l'armée a fait pour l'Empereur, et tout ce que l'Empereur a fait pour elle; examinons seulement, sous un point de vue social, l'organisation militaire.

La conscription, qui malheureusement pesa tant sur la France à cause de la prolongation de la guerre, fut une des plus grandes institutions du

---

[1] Tome III, p. 404.

siècle. Non-seulement elle consacrait le principe d'égalité, mais, comme l'a dit le général Foy [1], « elle devait être le palladium de notre indépendance, parce que, mettant la nation dans l'armée et l'armée dans la nation, elle fournit à la défense des ressources inépuisables. » Le principe qui avait présidé à l'institution de la loi sur la conscription devait recevoir de plus grands développements, et l'on peut dire que les idées de l'Empereur ont été mises en pratique par d'autres gouvernements, entre autres par la Prusse. Il ne suffisait pas, en effet, que l'armée fût recrutée dans toute la nation ; mais il fallait que toute la nation pût, dans un cas de malheur, servir de réserve à l'armée. L'Empereur disait que « jamais une nation, lorsqu'elle repousse une invasion, ne manque d'hommes, mais trop souvent de soldats. » Le système militaire de la Prusse offre des avantages immenses ; il fait disparaître les barrières qui séparent le citoyen du soldat ; il donne le même mobile et le même but à tous les hommes armés, la défense du sol de la patrie ; fournit les moyens d'entretenir une grande force militaire avec le moins de frais possible ; il rend tout un peuple capable de résister avec succès à une invasion. L'armée en Prusse est une grande

---

[1] *Guerre de la Péninsule*, tome I, p. 54.

école où toute la jeunesse vient s'instruire au métier des armes; la landwehr, qui est divisée en trois bans, est la réserve de l'armée. Dans l'organisation militaire, il y a donc plusieurs classifications; mais toutes partant de la même source, elles ont le même but : il y a émulation entre les corps organisés, et non rivalité.

On sait que la garde nationale, dont l'institution était tombée en désuétude dans les derniers temps de la République, fut rétablie par Napoléon, en 1806. En 1812, on la divisa en trois bans, composés, le premier, des hommes de vingt à vingt-six ans, des six dernières classes de la conscription, qui n'avaient pas été mis en activité; le second, de tous les hommes valides de vingt-six à quarante ans; le troisième, ou arrière-ban, des hommes de quarante à soixante ans. On voit que ce système était complétement en rapport avec celui qui est aujourd'hui en vigueur en Prusse. « A la paix, disait l'Empereur, j'aurais amené tous les souverains à n'avoir plus que leur simple garde; j'aurais procédé à l'organisation de la garde nationale de manière à ce que chaque citoyen connût son poste au besoin : alors, ajoutait-il, on aurait eu vraiment une nation maçonnée à chaux et à sable, capable de défier les siècles et les hommes. »

ORGANISATION POLITIQUE.

Nous avons passé rapidement en revue l'organisation administrative de l'Empire, et fait ressortir les principaux bienfaits matériels de cette époque. Jetons maintenant un coup d'œil sur son organisation politique.

En premier lieu, qu'il me soit permis de dire que je considère comme un malheur la fatale tendance qu'on a en France de vouloir toujours copier les institutions des peuples étrangers, pour les adopter parmi nous. Sous la République, on était Romain, puis la constitution anglaise a paru le chef-d'œuvre de la civilisation; les titres de *noble pair* et d'*honorable député* ont semblé plus libéraux que ceux de tribun et de sénateur; comme si en France, cette patrie de l'honneur, être *honorable* était un titre et non une qualité. Enfin, plus tard, a surgi l'école américaine. Ne serons-nous donc jamais nous-mêmes? L'Angleterre, il est vrai, nous a offert pendant longtemps un beau spectacle de liberté parlementaire. Mais quel est l'élément de la constitution anglaise, quelle est la base de l'édifice? l'aristocratie. Supprimez-la, et en Angleterre vous n'aurez rien d'organisé; « de même qu'à Rome, a dit Napoléon, si l'on eût ôté la religion, il ne serait rien resté. »

Aux États-Unis d'Amérique nous voyons aussi de grandes choses; mais où trouver un seul rapport entre ce pays et la France? Les États-Unis ne sont pas encore devenus un monde social; car l'organisation d'un tel monde suppose la fixité et l'ordre; la fixité, l'attachement au sol, à la propriété, conditions impossibles à remplir tant que l'esprit commerçant et la disproportion entre le nombre d'habitants et la grandeur du territoire ne feront regarder la terre que comme une marchandise. L'homme n'a pas encore pris racine en Amérique, il ne s'est pas incorporé à la terre; les intérêts sont personnels et non territoriaux [1]. En Amérique, le commerce est en première ligne; ensuite vient l'industrie, et, en dernier, l'agriculture; c'est donc l'Europe renversée.

La France, sous beaucoup de rapports, est à la tête de la civilisation : et on semble douter qu'elle puisse se donner des lois qui soient uniquement françaises, c'est-à-dire des lois adaptées à nos besoins, modelées sur notre nature, subordonnées à notre position politique! Prenons des pays étrangers les améliorations qu'une longue expérience a consacrées; mais gardons dans nos lois la forme, l'instinct et l'esprit français. « La politique, a dit

---

[1] Voyez à ce sujet Tocqueville.

un écrivain [1], est l'application de l'histoire à la morale des sociétés. » On peut en dire autant d'une constitution : il faut que le pacte qui lie les divers membres d'une société puise sa forme dans l'expérience des temps passés, les choses dans l'état présent de cette société, son esprit dans l'avenir. Une constitution doit être faite uniquement pour la nation à laquelle on veut l'adapter. Elle doit être comme un vêtement qui, pour être bien fait, ne doit aller qu'à un seul homme.

Sous le rapport politique, l'Empereur n'a pu organiser la France que provisoirement; mais toutes ses institutions renfermaient un genre de perfectionnement qu'à la paix il eût développé.

Constatons d'abord une vérité, c'est que lorsque le peuple français proclama Napoléon empereur, la France était tellement fatiguée des désordres et des changements continuels, que tout concourait à investir le chef de l'État du pouvoir le plus absolu. L'Empereur n'eut donc pas besoin de le convoiter, il n'eut au contraire qu'à s'en défendre. Autant autrefois l'opinion publique avait réclamé l'affaiblissement du pouvoir, parce qu'elle le croyait hostile, autant elle se prêtait à le renforcer, depuis qu'elle

---

[1] M. Daunou.

le voyait tutélaire et réparateur. Il n'eût tenu qu'à Napoléon de n'avoir ni Corps législatif, ni Sénat, tant on était las de ces discussions éternelles, entretenues, comme il le disait lui-même, par une foule de gens qui s'acharnaient à disputer sur les nuances avant d'avoir assuré le triomphe de la couleur.

L'empereur Napoléon ne commit pas la faute de beaucoup d'hommes d'État, de vouloir assujettir la nation à une théorie abstraite qui devient alors pour un pays comme le lit de Procuste; il étudia au contraire avec soin le caractère du peuple français, ses besoins, son état présent; et, d'après ces données, il formula un système qu'il modifia encore suivant les circonstances. « Où en serais-je, disait-il, vis-à-vis de l'Europe entière, avec un gouvernement que je bâtis au milieu des décombres, dont les fondements ne sont pas encore assis, et dont à tout instant je dois combiner les formes avec des circonstances nouvelles qui naissent de la variation même de la politique extérieure, si je soumettais quelques-unes de ces combinaisons à des méthodes absolues qui n'admettent pas de modifications, et qui ne sont efficaces que parce qu'elles sont immuables.

L'idée prédominante qui a présidé à tous les établissements de l'Empereur à l'intérieur est le désir de fonder un ordre civil [1]. La France est entourée de puissants voisins. Depuis Henri IV, elle est en butte à la jalousie de l'Europe. Il lui faut une grande armée permanente pour maintenir son indépendance. Cette armée est organisée; elle a des colonels, des généraux, des maréchaux; mais le reste de la nation ne l'est pas; et, à côté de cette hiérarchie militaire, à côté de ces dignités auxquelles la gloire donne tant d'éclat, il faut qu'il y ait aussi des dignités civiles qui aient la même prépondérance; sinon le gouvernement risquerait toujours de tomber dans les mains d'un soldat heureux. Les États-Unis nous offrent un exemple frappant des inconvénients qu'entraîne la faiblesse de l'autorité civile. Quoique dans ce pays il n'y ait aucun des ferments de discorde qui bouillonneront longtemps encore en Europe, le pouvoir civil central étant faible, toute organisation indépendante de lui l'effraye, car elle le menace. Ce n'est pas seulement le pouvoir militaire qu'on redoute, mais le pouvoir d'argent, la

---

[1] « Je veux constituer en France l'ordre civil. Il n'y a eu jusqu'à présent dans le monde que deux pouvoirs, le militaire et l'ecclésiastique. Les barbares qui ont envahi l'empire romain n'ont pu former d'établissement solide, parce qu'ils manquaient à la fois d'un corps de prêtres et d'un ordre civil. » (Paroles de l'Empereur au conseil d'État.)

Banque; de là, la division des partis. Le gouverneur de la Banque pourrait avoir plus d'influence que le président; à plus forte raison un général vainqueur éclipserait bientôt le pouvoir civil. Dans les républiques italiennes, ainsi qu'en Angleterre, l'aristocratie était l'ordre civil organisé; mais la France n'ayant plus heureusement de corps privilégiés, c'était par une hiérarchie démocratique qu'on pouvait se procurer les mêmes avantages, sans froisser les principes d'égalité.

Examinons sous ce point de vue les constitutions de l'Empire.

Les principes sur lesquels reposaient les lois impériales sont :

L'égalité civile, d'accord avec le principe démocratique.

La hiérarchie, d'accord avec les principes d'ordre et de stabilité.

Napoléon est le chef suprême de l'État, l'élu du peuple, le représentant de la nation. Dans ses actes publics, l'Empereur se glorifia toujours de ne devoir tout qu'au peuple français. Lorsque, entouré de rois et d'hommages, du pied des Pyrénées, il dispose des trônes et des empires, il réclame avec énergie le titre de premier représentant du peuple, qu'on semblait vouloir donner exclusivement au Corps législatif[1].

Le pouvoir impérial seul se transmet par droit d'hérédité. Il n'y a point d'autre emploi héréditaire en France; tous sont accordés à l'élection ou au mérite.

Il y a deux chambres : le Sénat et le Corps législatif.

Le Sénat, dont le nom est plus populaire que celui de Chambre des pairs, est composé des membres proposés par les colléges électoraux; un tiers seul est laissé à la nomination de l'Empereur. Il est présidé par un membre nommé par le chef de l'État; il veille au maintien de la constitution; il est garant de la liberté individuelle et de la liberté de la presse [2]. Le Sénat étant, après le souverain, le

---

[1] Voir la note insérée par ordre de l'Empereur dans le *Moniteur* du 19 décembre 1808.

[2] M. Bignon, dans son *Histoire de l'Empire,* s'exprime ainsi : « Le système établi n'était pas vicieux en lui-même, ni les libertés de la nation entièrement laissées sans garanties. Si ces garanties deviennent illusoires, si les commissions sénatoriales de la liberté individuelle et de la liberté de la presse doivent rester un jour sans efficacité ou même sans action, c'est que la France parcourt un ordre d'événements dans lequel les questions d'intérêt domestique et de droit privé seront nécessairement subordonnées aux besoins de la force politique et de la puissance extérieure. »

premier pouvoir de l'État, l'Empereur avait cherché, autant que les circonstances le permettaient, à lui donner une grande importance; car, lorsque l'influence qu'exercent les corps constitués ne suit pas l'ordre de leur hiérarchie politique, c'est une preuve évidente que la constitution n'est pas en harmonie avec l'esprit public; c'est alors une machine dont les rouages ne fonctionnent pas dans leur ordre respectif.

Aussi, pour donner de l'influence au Sénat, l'idée de l'Empereur n'est pas d'en faire uniquement une cour de justice, ni un refuge pour tous les ministres que l'opinion publique a condamnés, mais au contraire de le composer de toutes les sommités, et d'en faire le gardien et le garant de toutes les libertés de la nation [1].

[1] L'opinion de l'Empereur était qu'une Chambre héréditaire ne pouvait pas s'établir en France, et qu'elle n'aurait aucune espèce d'influence. Il disait en 1815 à Benjamin Constant, qui était un des plus fervents partisans de la constitution anglaise : « Votre Chambre des pairs ne sera bientôt qu'un camp ou une antichambre. »

Le président du Sénat convoque le Sénat sur un ordre du propre mouvement de l'Empereur, sur la demande des commissions sénatoriales de la liberté individuelle et de la liberté de la presse, ou d'un sénateur pour dénonciation d'un décret rendu par le Corps législatif, ou d'un officier du Sénat pour les affaires intérieures du corps.

Chacune des commissions sénatoriales est composée de sept

Pour rendre les sénateurs indépendants, et les attacher au sol des provinces, on établit, dans chaque arrondissement de cour d'appel, une sénatorerie rapportant au sénateur titulaire 20,000 à 25,000 livres de rente et à vie.

Le Corps législatif est nommé par les colléges électoraux des départements; les membres de ce corps sont rétribués pendant les sessions.

Il est essentiel de rapporter ici le mode d'élection introduit par Napoléon. Dans la constitution de l'an VIII, Sieyès avait inventé un système de notabilités qui enlevait au peuple toute participation aux élections. Quoique Sieyès, ancien membre de l'Assemblée constituante, de la Convention et du Directoire, fût un ami de la liberté, il s'était vu obligé, par les circonstances et pour le maintien de la république, d'en agir ainsi; car, avant le 18 fructidor, les élections portèrent des royalistes au Corps

membres. Toute personne arrêtée et non mise en jugement après dix jours d'arrestation peut s'adresser à cette commission.

Une haute cour impériale est établie pour connaître des crimes contre la sûreté intérieure de l'État, des délits de responsabilité d'office commis par les ministres et conseillers d'État, des abus de pouvoir commis par les agents impériaux civils et militaires, etc.

Le siége de la haute cour est dans le Sénat, l'archichancelier de l'Empire la préside, les formes de procéder sont protectrices, les débats et les jugements ont lieu en public.

6

législatif : cette journée les en chassa. Vint ensuite le tour des jacobins : le 20 floréal les écarta. Aux élections suivantes, ils parurent se maintenir et se disposèrent à éloigner leurs rivaux. Il n'y avait donc rien de stable : c'était chaque année le triomphe d'un parti, comme le dit Thibaudeau lui-même.

Mais la marche ferme et nationale du Consulat avait déjà créé une France forte et compacte, et le vaisseau de l'État risquait moins d'échouer sur les deux écueils qui étaient toujours à craindre : la terreur et l'ancien régime.

Napoléon, créé consul à vie, supprima les listes de notabilités de Sieyès, établit des assemblées de canton, composées de tous les citoyens domiciliés dans le canton. Ces assemblées nommaient les membres des colléges électoraux d'arrondissement et de département. Les éligibles aux colléges électoraux devaient être les plus imposés du département; mais on pouvait ajouter aux colléges d'arrondissement dix membres, et aux colléges de département vingt membres non propriétaires, pris parmi les membres de la Légion d'honneur ou parmi les hommes qui avaient rendu des services. Les colléges présentaient deux candidats aux places vacantes dans le Corps législatif; le collége de département seul proposait des candidats pour les places de sénateurs ; un des deux candidats devait être pris hors du collége qui le présentait.

En examinant l'esprit qui dicta ces lois, à une époque où l'on sortait de violentes dissensions, et où la guerre était toujours menaçante, alors même que les amis les plus sincères de la liberté voyaient la nécessité de restreindre les droits électoraux, on ne peut s'empêcher de reconnaître que l'intention de l'Empereur était de rétablir l'élection sur les bases les plus larges; et les paroles suivantes de l'orateur du gouvernement d'alors confirment cette opinion : « Les colléges électoraux rattachent les » grandes autorités au peuple, et réciproquement; » ce sont des corps intermédiaires entre le pouvoir » et le peuple ; c'est une classification de citoyens, » une organisation de la nation. Dans cette classifi- » cation, il fallait combiner les intérêts opposés des » propriétaires et des prolétaires, puisque la pro- » priété est la base fondamentale de toute associa- » tion politique; il fallait y appeler aussi des non- » propriétaires, pour ne pas fermer la carrière aux » talents et au génie. »

Le conseil d'État était un des premiers rouages de l'Empire. Composé des hommes les plus distingués, il formait le conseil privé du souverain. Les hommes qui en faisaient partie, affranchis de toute gêne, ne visant point à faire de l'effet, et stimulés par la présence du souverain, élaboraient les lois sans autre préoccupation que les intérêts de la France. Les orateurs du conseil d'État devaient porter à l'acceptation des Chambres les lois qui avaient été préparées dans son sein.

L'Empereur créa des auditeurs au conseil d'État; leur nombre fut porté à trois cent cinquante; ils furent divisés en trois classes, et attachés à toutes les administrations. Le conseil d'État formait ainsi une pépinière d'hommes instruits et éclairés, capables de bien administrer le pays. Familiers à toutes les grandes questions politiques, ils recevaient du gouvernement des missions importantes.

Cette institution remplissait une grande lacune; car, lorsque dans un pays il y a des écoles pour l'art du jurisconsulte, pour l'art de guérir, pour l'art de la guerre, pour la théologie, etc., n'est-il pas choquant qu'il n'y en ait pas pour l'art de gouverner, qui est certainement le plus difficile de tous, car il embrasse toutes les sciences exactes, politiques et morales [1]?

---

[1] A défaut d'une tribune effective que le gouvernement constitutionnel eût donnée à la France, jamais chef de royauté n'eut un conseil aussi éclairé, où toutes les questions d'ordre administratif et civil fussent discutées avec plus de franchise et d'indépendance. A défaut de cette tribune qui eût exprimé

« Je ménageais à mon fils une situation des plus
» heureuses, disait l'Empereur à Sainte-Hélène.
» J'élevais précisément pour lui une école nouvelle,
» la nombreuse classe des auditeurs au conseil
» d'État. Leur éducation finie et leur âge venu, ils
» eussent un beau jour relevé tous les postes de
» l'Empire; forts de nos principes et des exemples
» de nos devanciers, ils se fussent trouvés, tous, de
» douze à quinze ans plus âgés que mon fils; ce
» qui l'eût placé précisément entre deux généra-
» tions et tous leurs avantages : la maturité, l'expé-
» rience et la sagesse au-dessus; la jeunesse, la
» célérité, la prestesse au-dessous. »

Le conseil du contentieux fut institué comme tribunal spécial pour le jugement des fonctionnaires publics, pour les appels des conseils de préfecture, pour les questions relatives à la fourniture des subsistances, pour certaines violations des lois de l'État, etc.

Le désir de l'Empereur de relever les corps politiques se manifesta par la création de la dignité de grand électeur, par les honneurs dont il environna

l'opinion publique, jamais chef de royauté ne devina mieux la véritable opinion; jamais nul autre n'en démêla mieux les caractères et ne sut si bien profiter, souvent de sa rectitude, quelquefois aussi de ses erreurs. (Thibaudeau.)

6.

le président du Corps législatif[1], par les exposés détaillés de l'état de l'Empire qu'il faisait présenter au Corps législatif, par l'importance qu'il donnait aux sessions d'ouverture. Se regardant comme le premier représentant de la nation, il se croyait dans l'obligation de rendre compte de ses actes devant les corps constitués. Aussi l'ouverture du Corps législatif ne fut jamais, sous son règne, une vaine cérémonie; il ne venait pas s'asseoir sur un trône, avec tous les dehors d'une royauté du seizième siècle, pour répéter banalement les paroles de ses ministres; mais, au contraire, debout devant le Corps législatif, il lui communiquait ses idées sans détour. Ce n'était pas la faiblesse qui se cachait sous l'appareil de la force; c'était au contraire la force qui de son plein gré rendait hommage aux corps constitués.

Au lieu d'influencer les élections, on vit Napoléon recommander souvent aux hommes qui l'entouraient de ne pas se porter candidats au Sénat; il leur disait qu'ils pouvaient parvenir à ce poste par une autre route, qu'il fallait laisser cette satisfaction aux notables des provinces.

Les principes qui dirigeaient l'Empereur dans le choix des fonctionnaires publics étaient bien plus

---

[1] Le président du Corps législatif avait une garde d'honneur.

rationnels que ceux d'après lesquels on procède aujourd'hui. Lorsqu'il nomme le chef d'une administration, il ne consulte pas la nuance politique de l'homme, mais sa capacité comme fonctionnaire. C'est ainsi qu'au lieu de rechercher les antécédents politiques des ministres qu'il emploie, il ne leur demande que des connaissances spéciales : Chaptal, chimiste célèbre, est chargé d'ouvrir des routes nouvelles à l'industrie; le savant Denon est nommé directeur du Musée des arts; Mollien, ministre du Trésor. Si les finances ont été si prospères sous l'Empire, c'est en grande partie parce que Gaudin, duc de Gaëte, est entré au ministère des finances sous le Consulat et qu'il n'en est sorti qu'en 1814.

Afin que la route fût ouverte à toutes les améliorations, la cour de cassation était chargée de faire pour les lois ce que l'Institut accomplissait pour les sciences. Tous les ans elle devait présenter un compte rendu des améliorations dont les diverses parties de la législation étaient susceptibles, et faire connaître les vices et les défauts que l'expérience avait constatés.

On doit aussi remarquer dans les institutions de l'Empire un mouvement continuel, qui de la circonférence agit sur le centre et du centre réagit vers la circonférence, semblable au sang qui, dans le corps humain, afflue vers le cœur et qui du cœur reflue vers les extrémités. D'un côté, on voit le peuple participant par l'élection à tous les emplois politiques; d'un autre, les corps politiques présidés par des hommes qui tiennent au pouvoir. Les grands dignitaires de l'Empire présidaient les colléges électoraux des plus grandes villes; les autres grands officiers civils ou les membres de la Légion d'honneur présidaient les autres colléges [1].

Les conseillers d'État en service extraordinaire étaient envoyés dans les départements pour surveiller l'administration; ils transmettaient les projets du gouvernement, et recevaient les plaintes et les vœux des populations. Les sénateurs qui jouissaient des bénéfices des sénatoreries étaient tenus à une résidence de trois mois par an dans leur arrondissement, afin d'y apporter l'opinion du centre, et de rapporter à Paris l'opinion de l'arrondissement.

La création de la Légion d'honneur, qui divisait le territoire français en seize arrondissements avec désignation du chef-lieu, était, suivant les expressions du rapporteur de la loi, une institution poli-

---

[1] Chaque collége électoral terminait sa session par le vote d'une adresse à l'Empereur, qui lui était présentée par une députation.

tique qui plaçait dans la société des intermédiaires par lesquels les actes du pouvoir étaient traduits à l'opinion avec fidélité et bienveillance, et par lesquels l'opinion pouvait remonter jusqu'au pouvoir.

On sait tout le bien que produisit l'introduction du Code Napoléon ; il avait mis plusieurs parties de la législation en harmonie avec les principes de la révolution, et il avait considérablement diminué les procès en mettant une foule de causes à la portée de chacun. Mais ce Code ne répondait pas encore à tous les désirs de l'Empereur ; il projetait un code universel, afin qu'il n'y eût plus d'autres lois que celles inscrites dans ce seul code, et qu'on pût proclamer, une fois pour toutes, nul et non avenu tout ce qui n'y serait pas compris : « Car, ajoutait-il,
» avec quelques vieux édits de Chilpéric ou de Pha-
» ramond, déterrés au besoin, il n'y a personne
» qui puisse se dire à l'abri d'être dûment et léga-
» lement pendu. »

Pour résumer le système impérial, on peut dire que la base en est démocratique, puisque tous les pouvoirs viennent du peuple ; tandis que l'organisation est hiérarchique, puisqu'il y a dans la société des degrés différents pour stimuler toutes les capacités.

Le concours est ouvert à 40 millions d'âmes ; le

mérite seul les distingue ; les différents degrés de l'échelle sociale les récompensent.

Ainsi, politiquement : assemblées de canton, colléges électoraux, Corps législatif, conseil d'État, Sénat, grands dignitaires.

Pour l'armée, tout homme est soldat ; tout soldat peut devenir officier, colonel, général, maréchal.

Pour la Légion d'honneur, tous les mérites y ont le même droit : services civils, militaires, industriels, ecclésiastiques, scientifiques ; tous peuvent obtenir les grades de légionnaires, officiers, commandants, grands officiers, grands aigles.

L'instruction publique a ses écoles primaires, ses écoles secondaires, ses lycées, et l'Institut comme tête de tout l'édifice.

La justice a ses tribunaux de première instance, ses cours impériales, sa cour de cassation.

Enfin, l'administration a ses maires, ses adjoints, ses sous-préfets, ses préfets, ses ministres, ses conseillers d'État.

Napoléon était donc en quelque sorte le foyer autour duquel venaient se grouper toutes les forces nationales. Il avait divisé la France : administrativement, par les arrondissements communaux et les préfectures; politiquement, par les colléges électoraux et les sénatoreries; militairement, par les divisions militaires; judiciairement, par les cours impériales; religieusement, par les évêchés; philosophiquement, par les lycées; moralement, par les arrondissements de la Légion d'honneur.

Le corps politique, comme le corps enseignant, comme le corps administratif, avait ses pieds dans les communes et sa tête dans le Sénat.

Le gouvernement de l'Empereur était donc, pour nous servir d'une comparaison, un colosse pyramidal à base large et à tête haute.

Après avoir parcouru la période de 1800 à 1814, si l'on porte ses regards sur l'époque actuelle, on voit que la plupart des institutions fondées par l'Empereur existent encore, et qu'elles ont à elles seules maintenu l'administration. Quoique privée de la force motrice, la France obéit depuis vingt-quatre ans à l'impulsion que Napoléon lui avait imprimée. Mais il ne faut pas juger de l'Empire par les fausses imitations que nous avons vues; on a copié les choses comme si l'on avait toujours ignoré l'esprit qui avait présidé à leur création. On doit à deux causes tous les prodiges que l'on vit éclore sous l'Empire malgré les guerres : l'une tient au génie de l'homme, l'autre au système qu'il avait établi.

Sous l'Empire, toutes les intelligences, toutes les capacités de la France étaient appelées à concourir à un seul but, la prospérité du pays. Depuis, au contraire, toutes les intelligences n'ont été occupées qu'à lutter entre elles, qu'à discuter sur la route à suivre, au lieu d'avancer. La discipline politique s'est rompue, et au lieu de marcher droit à un but en colonne serrée, chacun a improvisé un ordre de marche particulier et s'est séparé du corps d'armée.

On a dit que l'Empereur était un despote. Sa puissance avait, il est vrai, toute la force nécessaire pour créer ; elle était en proportion de la confiance que le peuple avait en lui. « Avec Napoléon, dit le général Foy, qu'on ne peut certes accuser de partialité, on ne connaissait ni les vexations des subalternes, ni l'intolérance des castes, ni l'intolérable domination des partis. La loi était forte, souvent dure, mais égale pour tous [1]. » Napoléon était despote, a-t-on dit ; et cependant il ne prononçait jamais de destitutions sans une enquête, sans un rapport préalable, et rarement même sans avoir entendu le fonctionnaire inculpé. Jamais, pour les questions civiles ou administratives, Napoléon ne prit de parti sans une discussion préalable sur les questions qu'il s'agissait de régler [2]. Jamais souverain ne demanda

---

[1] *Guerre de la Péninsule*, tome I, p. 18.
[2] Bignon, tome V, p. 178.

autant de conseils que l'Empereur, car il ne cherchait qu'une chose, la vérité. Pouvait-il être despote par système, celui qui, par ses codes et son organisation, tendit sans cesse à remplacer l'arbitraire par la loi ? Nous le voyons, en 1810, empêcher l'expropriation pour cause d'utilité publique sans jugement préalable [1], et établir le conseil du contentieux pour régler l'emploi de cette portion d'arbitraire nécessaire à l'administration de l'État. Il disait à cette occasion : « Je veux qu'on gouverne » l'État par des moyens légaux, et qu'on légalise » par l'intervention d'un corps constitué ce qu'on » peut être obligé de faire hors de la loi. »

Nous le voyons encore en 1810 manifester son mécontentement de ce qu'on n'ait pas fait de loi sur la presse [2], et, ce qu'il est surtout utile de remar-

[1] Je veux que l'utilité publique soit constatée par un sénatus-consulte, une loi ou un décret délibéré en conseil d'État; ensuite que les contestations qui surviendraient soient jugées par les tribunaux. J'avoue que je ne m'accoutume pas à voir l'arbitraire se glisser partout, et un si vaste État avoir des magistrats sans qu'on puisse leur adresser des plaintes. » (Paroles de l'Empereur au conseil d'État.)

[2] « La presse, qu'on prétend libre, est dans l'esclavage le plus absolu; la police cartonne, supprime, comme elle veut, les ouvrages, et même ce n'est pas le ministre qui juge, il est obligé de s'en rapporter à ses bureaux. Rien de plus irrégulier, de plus arbitraire, que ce régime. » (Paroles de l'Empereur au conseil d'État.)

quer, c'est que l'Empereur prononçait souvent ces paroles mémorables : « Je ne veux pas que ce pou-
» voir reste à mes successeurs, parce qu'ils pour-
» raient en abuser. »

Lorsqu'on lit l'histoire, on est étonné de la sévérité des jugements portés par les Français sur leur propre gouvernement, et de leur indulgence pour les gouvernements étrangers. Voici, par exemple, le jugement que Carrel portait sur l'administration de Cromwell ; et certes le protecteur anglais était bien au-dessous du héros français : « Il fut heureux
» pour l'Angleterre qu'un tel homme (Cromwell) prît
» sur lui la responsabilité d'une violence inévitable,
» parce que l'ordre vint de l'usurpation au lieu de
» l'anarchie, et que l'ordre est nécessaire. Partout
» et dans tous les temps ce sont les besoins qui ont
» fait les conventions appelées principes, et toujours
» les principes se sont tus devant les besoins. Il fal-
» lait ici de la sécurité, du repos, une grandeur qui
» imposât aux ennemis extérieurs de la révolution
» et aux intérêts commerciaux, ennemis de ceux de
» l'Angleterre. Il fallait une administration qui com-
» prît tous les partis et n'appartînt à aucun, qui fût
» instruite de toutes les idées de ce temps et n'en
» professât exclusivement aucune, qui se servît de
» l'armée et ne se mît point à sa suite. Cromwell

» eut raison contre les royalistes, parce qu'ils étaient
» ennemis du pays ; contre les presbytériens, parce
» qu'ils étaient intolérants et ne comprenaient pas
» la révolution ; contre les niveleurs, parce qu'ils
» demandaient l'impossible ; enfin, contre les répu-
» blicains exaltés, parce qu'ils ne comprenaient pas
» l'opinion générale [1]. »

Ces paroles ne sont-elles pas l'explication fidèle du règne de l'Empereur ? Et cependant on entend parfois encore des voix françaises proférer des accusations injustes, et répéter, par exemple, que le gouvernement de Napoléon fut le gouvernement du sabre ! Si cette opinion avait pu devenir générale, ce serait le cas de répéter avec Montesquieu : « Malheur à la réputation de tout prince qui est
» opprimé par un parti qui devient le dominant, ou
» qui a tenté de détruire un préjugé qui lui survit ! »

Jamais, en effet, pouvoir à l'intérieur ne fut moins militaire que celui de l'Empereur. Dans tous ses actes, on voit percer cette tendance à donner à l'ordre civil la prééminence sur l'ordre militaire. Sous le régime impérial, aucun poste de l'administration civile ne fut occupé par des militaires. Celui qui créa les dignités civiles pour les opposer aux digni-

---

[1] *Histoire de la contre-révolution en Angleterre*, introduction, p. 60.

tés de l'armée ; qui, par l'institution de la Légion d'honneur, voulut récompenser de la même manière les services du citoyen et les services du soldat ; qui, dès son avénement au pouvoir, s'occupa du sort des employés civils [1] ; qui donna toujours la préséance à ces derniers [2] ; qui, à l'intérieur, et même dans les pays conquis, envoyait des conseillers d'État revêtus d'une autorité administrative supérieure à celle des généraux : tel est l'homme que l'esprit de parti a voulu nous peindre comme le partisan du régime militaire [3].

[1] « Lorsque Napoléon vint au pouvoir, les pensions militaires étaient déjà réglées par des lois; mais il n'y avait pas moyen de donner une pension civile. Comme il n'y avait point d'avenir pour les fonctionnaires, ils abusaient de leurs places. Le Directoire, ne pouvant pas accorder de pensions, donnait des intérêts dans les affaires, chose immorale. » (Thibaudeau, tome III, p. 179.)

[2] Lois sur les préséances, 13 juillet 1804.

[3] M. Thibaudeau, dans son *Histoire sous le Consulat*, en rapportant ce que l'Empereur disait au conseil d'État, qu'il n'y avait pas d'homme plus civil que lui, ajoute : « Si le mi- » litaire avait de l'importance et de la considération, son au- » torité était rigoureusement circonscrite dans ses attributions » naturelles; ses moindres écarts étaient de suite sévèrement » réprimés. Le premier Consul soutenait les tribunaux et les » préfets contre les généraux; le citoyen n'était soumis qu'à » l'autorité civile. Dire le contraire, c'est nier l'évidence. » (Tome II, p. 213.)

Un général, eût-il été chargé de témoignages de la faveur

On s'est plaint de ce que l'uniforme et la discipline militaire étaient introduits dans les lycées. Mais est-ce un mal de propager dans la nation l'esprit militaire, cet esprit qui éveille les plus nobles passions, l'honneur, le désintéressement, l'amour de la patrie, et qui donne des habitudes d'ordre, de régularité et de soumission ? L'esprit militaire n'est dangereux qu'autant qu'il est l'apanage exclusif d'une caste [1].

---

du souverain, n'aurait pu faire arrêter un coupable obscur. Dans le conflit assez fréquent entre l'autorité militaire et l'autorité civile, on donnait presque toujours raison à la dernière. (Thibaudeau, tome I, p. 82.)

En 1806, Junot, gouverneur de Paris, fut accusé d'un délit de chasse. Il méconnaissait l'autorité des tribunaux. Il fut obligé de transiger pour empêcher une exécution. (Thibaudeau, tome V, p. 318.)

[1] « A l'exception du maniement des armes et de l'exercice de peloton, pour lesquels on se tenait à la portée de la force des élèves, il n'y avait, dans tous leurs mouvements, dans leurs études, leurs repas, leurs récréations, d'autre différence que celle du tambour à la cloche. Entre ces deux instruments, nous donnons sans hésiter la préférence au tambour. La cloche rappelle des idées d'humilité, d'abnégation ; le tambour, celles de gloire et d'honneur. Sous le régime de la cloche on fouettait les élèves ; les punitions corporelles étaient interdites sous celui du tambour. Les lycéens observaient une discipline, avaient une tenue soignée et une attitude mâle que les écoliers de la plupart des collèges n'eurent jamais. On leur inspirait, dit-on, le goût des armes. Tous les jeunes gens n'étaient-ils pas soumis à la loi de la conscription ? » (Thibaudeau.)

Quant à l'uniforme militaire, l'Empereur le fit adopter dans les lycées et les écoles spéciales, dans un but d'égalité. Un jour qu'il visitait le prytanée de Saint-Cyr, il fut choqué de la différence qui exisait dans l'habillement des élèves : les uns avaient un costume recherché, les vêtements des autres étaient en lambeaux. L'Empereur déclara qu'il ne voulait pas de distinction parmi les élèves; que l'égalité devait être le premier élément de l'éducation ; et il fit donner à tous le même uniforme.

Enfin, c'était un étrange gouvernement militaire que celui où la tranquillité dans le vaste empire se maintenait sans un seul soldat, tandis que le chef de l'État et l'armée étaient à huit cents lieues de la capitale [1]. Aussi l'aigle impériale, que tant de lauriers ont illustrée, n'a jamais été souillée du sang français répandu par des troupes françaises. Il y a

---

[1] « Aucune troupe n'était nécessaire même dans les pays réunis. Le Piémont, la Toscane, Gênes, n'avaient pas 1,500 hommes de troupes. Dans le temps que l'Empereur était à Vienne, il n'y avait que 1,200 hommes de garnison à Paris. L'Empereur se promenait au milieu de la foule qui couvrait le Carrousel, ou dans le parc de Saint-Cloud, dans une calèche à quatre chevaux, au pas, avec l'Impératrice et un seul page, au milieu de 150,000 spectateurs environnant sa voiture. Les contemporains l'ont vu. » (Thibaudeau, tome VIII, p. 176.)

peu de gouvernements qui puissent en dire autant de leur drapeau !

L'éloge de l'Empereur est dans les faits, il suffit de feuilleter le *Moniteur*. Sa gloire est comme le soleil ; aveugle qui ne la voit pas. Des détracteurs obscurs ne changeront pas l'influence irrécusable d'actes patents ; quelques gouttes d'encre répandues dans la mer ne sauraient altérer la couleur de ses eaux. Cependant, comme il y a des esprits vulgaires qui ne peuvent comprendre ce qui est grand, et que, dans les époques de transition, l'esprit de parti défigure les grands traits historiques, il n'est pas inutile de rappeler aux masses, qui ont tant d'admiration pour l'Empereur, que leur vénération n'est pas basée sur l'éclat trompeur d'une vaine gloire, mais sur l'appréciation exacte d'actions qui avaient pour but le bien-être de l'humanité.

Et si, dans le séjour céleste où repose maintenant en paix sa grande âme, Napoléon pouvait encore se soucier des agitations et des jugements qui se heurtent ici-bas, son ombre irritée n'aurait-elle pas le droit de répondre à ses accusateurs : « Tout ce » que j'ai fait pour la prospérité intérieure de la » France, je n'ai eu pour l'accomplir que l'intervalle » des batailles. Mais vous, qui me blâmez, qu'avez-

» vous fait pendant vingt-quatre ans d'une paix
» profonde ? »

Avez-vous apaisé les discordes, réuni les partis autour de l'autel de la patrie ? Avez-vous acquis aux différents pouvoirs de l'État la prépondérance morale que la loi leur concède, et qui est un gage de stabilité ?

Avez-vous donné à votre Chambre des pairs l'organisation démocratique de mon Sénat ?

Avez-vous conservé au conseil d'État sa salutaire influence et son bienfaisant emploi ?

Avez-vous conservé à l'institution de la Légion d'honneur la pureté et le prestige de sa première organisation ?

Avez-vous donné à votre système électoral la base démocratique de mes assemblées de canton ?

Avez-vous facilité l'accès à la Chambre représentative, en assurant une rétribution aux députés ?

Avez-vous, comme moi, récompensé tous les mérites, réprimé la corruption, et introduit dans l'administration cette morale sévère et pure qui rend l'autorité respectable ?

Avez-vous fait servir l'influence du pouvoir à l'amélioration des mœurs ? Les crimes, au lieu de diminuer, n'ont-ils pas suivi une progression croissante ?

Avez-vous assuré la propriété en terminant l'opération du cadastre ?

Avez-vous, comme moi, fait jaillir du sol cent nouvelles industries ?

Avez-vous achevé, pendant une longue paix, la moitié des travaux que j'avais commencés pendant de cruelles guerres ?

Avez-vous ouvert de nouveaux débouchés au commerce ?

Avez-vous amélioré le sort des classes pauvres ?

Avez-vous employé tous les revenus de la France dans le seul but de sa prospérité ?

Avez-vous rétabli la loi du divorce, qui garantissait la moralité des familles ?

Avez-vous organisé la garde nationale de telle sorte qu'elle soit une barrière invincible contre l'invasion ?

Avez-vous contenu le clergé dans ses attributions religieuses, loin du pouvoir politique ?

Avez-vous conservé à l'armée cette considération et cette popularité qu'elle avait acquises à si juste titre ? La noble mission du soldat, n'avez-vous pas cherché à l'avilir ?

Avez-vous rendu à nos débris de Waterloo le peu de pain qui leur revenait, comme prix du sang qu'ils ont versé pour la France ?

Le drapeau tricolore, le nom de Français, ont-ils conservé ce prestige et cette influence qui les faisaient respecter de tout l'univers ?

Avez-vous assuré à la France des alliés sur lesquels elle puisse compter au jour du danger ?

Avez-vous diminué les charges du peuple ? Vos impôts ne sont-ils pas, au contraire, plus élevés que mes impôts de guerre ?

Enfin, avez-vous affaibli cette centralisation administrative que je n'avais établie que pour organiser l'intérieur, et pour résister à l'étranger ?

Non ; vous avez gardé de mon règne tout ce qui n'était que transitoire, qu'obligations momentanées, et vous avez rejeté tous les avantages qui en palliaient les défauts.

Les bienfaits de la paix, vous n'avez pu les obtenir ; et tous les inconvénients de la guerre, vous les avez conservés, sans ses immenses compensations, l'honneur et la gloire de la patrie !

CHAPITRE QUATRIÈME.

QUESTION ÉTRANGÈRE.

Politique napoléonienne. — Les différents projets de l'Empereur. — Bienfaits apportés aux peuples. — Italie, Suisse, Allemagne, Westphalie, Pologne. — Ses vues sur l'Espagne.

Il y a trois manières d'envisager les rapports de la France avec les gouvernements étrangers. Elles se formulent dans les trois systèmes suivants :

Il y a une politique aveugle et passionnée, qui voudrait jeter le gant à l'Europe et détrôner tous les rois.

Il y en a une autre qui lui est entièrement opposée, et qui consiste à maintenir la paix, en achetant l'amitié des souverains aux dépens de l'honneur et des intérêts du pays.

Enfin, il y a une troisième politique, qui offre franchement l'alliance de la France à tous les gouvernements qui veulent marcher avec elle dans des intérêts communs.

Avec la première, il ne peut y avoir ni paix ni trêve; avec la seconde, il n'y a pas de guerre, mais aussi point d'indépendance; avec la troisième, pas de paix sans honneur, pas de guerre universelle.

Le troisième système est la politique napoléonienne; c'est celle que l'Empereur a mise en pratique durant toute sa carrière. Si Napoléon a succombé malgré elle, sa chute tient à des causes que nous expliquerons plus tard; mais, ce qui est bien certain, c'est que, sans cette politique, il n'eût jamais triomphé des attaques de l'Europe. « Rome, » dit Montesquieu, s'est agrandie parce qu'elle n'a- » vait eu que des guerres successives; chaque » nation, par un bonheur inconcevable, ne l'atta- » quant que quand l'autre avait été ruinée. »

Ce que le hasard et la fortune firent pour l'agrandissement de Rome, Napoléon l'obtint en faveur de la France par sa politique.

Dès 1796, lorsque, avec 30,000 hommes, il fait la conquête de l'Italie, il est non-seulement grand général, mais profond politique. Le Directoire, dans son ignorance des choses, envoie au général Bonaparte l'ordre de détrôner le roi de Sardaigne, et de marcher sur Rome, laissant sur ses derrières

80,000 Autrichiens qui débouchaient du Tyrol. Napoléon s'affranchit d'instructions aussi mal calculées. Il conclut une alliance offensive et défensive avec le roi de Piémont, fait un traité avec le pape, et bat les Autrichiens; le fruit de cette conduite est la paix de Campo-Formio. Enfin, quelques années se sont à peine écoulées, que Napoléon, naguère chef d'un État qui était en guerre avec toute l'Europe, réunit sous le drapeau tricolore, pour marcher sur Moscou, des Prussiens, des Hanovriens, des Hollandais, des Saxons, des Westphaliens, des Polonais, des Autrichiens, des Wurtembergeois, des Bavarois, des Suisses, des Lombards, des Toscans, des Napolitains, etc.

C'est par l'agglomération de tous ces peuples réunis sous ses ordres qu'on peut juger de l'habileté de la politique de l'Empereur. S'il n'a pas réussi à Moscou, ce n'est pas que ses combinaisons aient été mal prises, il a fallu que la fatalité et les éléments se liguassent contre lui. C'est que les risques dans une aussi grande entreprise sont en proportion des résultats qu'on veut obtenir.

Dès que Napoléon eut la puissance en main, il dut évidemment avoir un but général à atteindre; mais, suivant la marche des événements, ses vues se sont modifiées, son but s'est agrandi ou rétréci.

« Je n'avais pas la folie, disait-il, de vouloir tordre
» les événements à mon système ; mais au contraire,
» je pliais mon système sur la contexture des évé-
» nements. »

Assurer l'indépendance de la France, établir une paix européenne solide, tel est le but auquel il fut si près de parvenir, malgré la complication des événements et le conflit continuel d'intérêts opposés. Plus les secrets diplomatiques se dévoileront, plus on se convaincra de cette vérité, que Napoléon fut conduit pas à pas, par la force des choses, à cette puissance gigantesque qui fut créée par la guerre, et que la guerre détruisit. Il ne fut pas agresseur : au contraire, il fut sans cesse obligé de repousser les coalitions de l'Europe. Si parfois il a l'air de devancer les projets de ses ennemis, c'est que dans l'initiative est la garantie du succès. « Et d'ailleurs, comme l'a dit Mignet [1], le véritable auteur de la guerre n'est pas celui qui la déclare, mais celui qui la rend nécessaire. »

Parcourons rapidement ce grand drame qui a commencé à Arcole et qui a fini à Waterloo, et nous verrons que Napoléon apparaît comme un de ces êtres extraordinaires que crée la Providence pour être l'instrument majestueux de ses impéné-

[1] *Histoire de la Révolution.*

trables desseins, et dont la mission est tellement tracée d'avance qu'une force invincible semble les obliger de l'accomplir.

Après avoir fait la conquête de l'Italie et avoir porté le flambeau de la civilisation au pied des Pyramides, là où en fut le berceau, il revient en Europe, et, par la bataille de Marengo, obtient la paix dont la France a un si grand besoin. Mais cette paix est de trop courte durée; l'Angleterre veut la guerre. Il semble que les deux peuples les plus civilisés soient forcés par la Providence à éclairer le monde, l'un en excitant les nations contre la France, l'autre en les conquérant pour les régénérer. Un moment ces deux colosses se regardent face à face; il n'y a qu'un détroit à franchir; ils vont lutter corps à corps. Mais tel n'est pas l'arrêt du sort. Le génie civilisateur du siècle doit marcher vers l'Est. Peuples de l'Illyrie, de la Carinthie, peuples du Danube et de la Sprée, de l'Elbe et de la Vistule, vous le verrez, vous suivrez ses lois; vainqueur, vous l'adorerez; vous le haïrez ensuite, pour, après sa disparition, le regretter et le bénir!

Chaque coalition qui se forme augmente la prépondérance de la France; car le Dieu des batailles est avec nous, et la puissance de Napoléon s'accroît en raison de la haine de ses ennemis. Nos alliés profitent de nos conquêtes. En 1805, la France a comme alliés la Prusse, les petits États de l'Allemagne, l'Italie et l'Espagne; Ulm et Austerlitz donnent le Hanovre à la Prusse, Venise à l'Italie, le Tyrol à la Bavière. La Prusse se détache de l'alliance française; Napoléon est obligé de la dompter à Iéna [1]. Le royaume de Westphalie naît du démembrement de la Prusse et des victoires d'Eylau et de Friedland. Un avenir de paix se fait entrevoir à Tilsitt. Les deux plus puissants monarques du monde, représentant quatre-vingts millions d'hommes et la civilisation de l'Occident et de l'Orient, se rencontrent sur un fleuve qui sépare de bien grands intérêts. L'entrevue d'Alexandre et de Napoléon sur le Niémen fut alors pour l'Europe comme l'union des deux pôles voltaïques qui, par la différence de leur nature, produisent la lumière électrique en se rencontrant. Comment ne pas croire en effet à un avenir brillant de prospérité, lorsque ces deux grands monarques sont d'accord pour le

[1] « On se demandera un jour pourquoi, dans les six dernières années de son règne, Napoléon s'est montré sans pitié pour la Prusse ; c'est que la Prusse aura été la puissance qui lui aura fait le plus de mal, en le forçant à la combattre, à la détruire; elle qu'il eût voulu étendre, fortifier, agrandir, pour assurer, par son concours, l'immobilité de la Russie et de l'Autriche, pour donner au système continental un développement incontesté, et par là forcer l'Angleterre à la paix. » (Bignon.)

repos du monde? Napoléon, en 1808, se trouve à Erfurt, au milieu d'un congrès de rois maîtrisés ou convaincus; mais l'Angleterre, elle, n'est ni maîtrisée ni convaincue; elle a des flottes qui couvrent toutes les côtes, et de l'or qui fait pencher la balance des traités. 1809 voit une nouvelle coalition; elle se termine par Eckmühl et Wagram. L'aigle française plane à Brême, Lubeck et Hambourg. La Bavière obtient le pays de Salzbourg. L'Illyrie aussi fait partie du grand empire.

Les vues de l'Empereur se sont agrandies en proportion du terrain de ses exploits; les événements l'ont mis à même de vouloir la régénération de l'Europe. La plus grande difficulté pour Napoléon n'a pas été de vaincre, mais de disposer de ses conquêtes. Comme souverain de la France, il doit en user dans un intérêt français; comme grand homme, dans un intérêt européen; c'est-à-dire qu'il faut que l'emploi de ses conquêtes satisfasse l'intérêt momentané de la guerre, tout en lui fournissant les moyens de fonder un système de paix générale. Les provinces qu'il incorpore à la France ne sont donc qu'autant de moyens d'échange [1] qu'il

[1] « L'Illyrie est une sentinelle avancée aux portes de Vienne; je la rendrai plus tard pour la Gallicie. » (Paroles de Napoléon.) Il disait à une députation de Berlin en 1807 : « Je n'ai pas » voulu la guerre; j'ai assez du Rhin. »

tient en réserve jusqu'à une pacification définitive. Mais, comme ces incorporations font supposer une volonté d'établir une monarchie universelle, il fonde des royaumes qui ont une apparence d'indépendance, et il élève ses frères sur des trônes pour qu'ils soient dans les divers pays les piliers d'un nouvel édifice, et qu'ils concilient avec les chances d'un établissement transitoire l'apparence de la stabilité. Eux seuls en effet pouvaient, quoique rois, être soumis à sa volonté et se résoudre, suivant les décrets de sa politique, à quitter un trône pour redevenir princes français; ils alliaient l'indépendance apparente de la royauté avec la dépendance de famille. Aussi a-t-on vu l'Empereur changer, suivant les événements, les gouvernements de la Hollande, de Naples, de la Lombardie, de l'Espagne et du grand-duché de Berg.

Ce fut une fatalité pour Napoléon que d'être obligé de créer tant de nouveaux royaumes; c'est donc à tort qu'on a avancé qu'il aurait dû, dans son intérêt, détrôner les souverains de Prusse et d'Autriche, lorsqu'il occupait leurs capitales. L'Empereur n'eût fait par là qu'augmenter ses embarras et se créer plus d'ennemis; car ces souverains étaient aimés de leurs peuples; et d'ailleurs, qui mettre à leur place? On n'aime pas plus au delà du Rhin les gouvernements imposés par nous, que nous n'aimons ceux que les étrangers nous imposent. Qu'on se rappelle qu'en 1808 Napoléon crut nécessaire de changer la dynastie d'une grande nation. Cette dynastie était tellement dégénérée qu'elle applaudit elle-même à sa chute! Le pays dont elle remettait le sort entre les mains de l'Empereur était celui pour la régénération duquel l'influence française était le plus nécessaire. Et cependant toute l'Espagne se leva pour réclamer le monarque que l'étranger lui enlevait!

L'Empereur concilia donc autant que cela fut possible les intérêts momentanés, les exigences transitoires, avec son grand but du remaniement de l'Europe, basé sur les intérêts de tous. Mais le sort sembla toujours l'obliger à de nouvelles guerres; et comme s'il ne suffisait pas que Napoléon eût affranchi des entraves des siècles passés l'Italie, la Suisse, l'Allemagne, il faut encore qu'il conduise ses armées sous le ciel brûlant de l'Andalousie et dans les neiges de la Russie, et que, semblables à celles de César, ses légions, même en mourant, laissent, comme traces de leur passage, les germes d'une nouvelle civilisation. En 1812, la lutte redevient plus terrible. Pour que la paix universelle puisse s'établir et se consolider, il faut que l'Angleterre, à l'occident, et la Russie, à l'est, soient persuadées par la raison ou domptées par la victoire. Les grands desseins de l'Empereur vont s'accomplir : l'occident de l'Europe marche sur Moscou. Mais, hélas! un hiver a tout changé!!... L'Europe napoléonienne ne peut plus exister. Qu'à la grandeur des revers on juge du résultat gigantesque du succès!... Il ne s'agit plus pour le grand homme de combiner et de fonder, il faut qu'il défende et qu'il protége la France et ses alliés. Le champ de bataille est porté de la Bérésina aux buttes de Montmartre. La paix! la paix! s'écrient des lâches qui s'étaient tus jusqu'alors. Mais l'âme de l'Empereur est inaccessible aux conseils pusillanimes, quoique son corps saigne de toutes parts. Plutôt la mort, s'écrie-t-il, qu'une paix honteuse. Plutôt la mort que d'être empereur d'une France plus petite que je ne l'ai reçue !

Un éclair luit encore!... Mais bientôt survient Waterloo!... Ici toute voix française s'arrête et ne trouve plus que des larmes! des larmes pour pleurer avec les vaincus, des larmes pour pleurer avec les vainqueurs, qui regretteront tôt ou tard d'avoir renversé le seul homme qui s'était fait médiateur entre deux siècles ennemis !

Toutes nos guerres sont venues de l'Angleterre.

Elle n'a jamais voulu entendre aucune proposition de paix. Croyait-elle donc que l'Empereur voulait sa ruine? Il n'eut jamais une semblable pensée. Il ne fit qu'agir de représailles. L'Empereur estimait le peuple anglais, et il aurait fait tous les sacrifices pour obtenir la paix ; tous, excepté ceux qui eussent compromis son honneur.

En 1800, le premier Consul écrivait au roi d'Angleterre : « La guerre qui, depuis huit ans, ravage
» les quatre parties du monde, doit-elle être éter-
» nelle? N'y a-t-il donc aucun moyen de s'enten-
» dre? Comment les deux nations les plus éclairées
» de l'Europe, puissantes et fortes plus que ne
» l'exigent leur sûreté et leur indépendance, peu-
» vent-elles sacrifier à des idées de vaine grandeur
» le bien du commerce, la prospérité intérieure,
» le bonheur des familles? Comment ne sentent-
» elles pas que la paix est le premier des besoins
» comme la première des gloires? »

En 1805, l'Empereur adresse au même souverain les paroles suivantes : « Le monde est assez
» grand pour que nos deux nations puissent y vivre,
» et la raison a assez de puissance pour qu'on
» trouve les moyens de tout concilier, si de part et
» d'autre on en a la volonté. La paix est le vœu de
» mon cœur; mais la guerre n'a jamais été contraire

» à ma gloire. Je conjure Votre Majesté de ne pas se
» refuser au bonheur de donner elle-même la paix. »

En 1808, à Erfurt, Napoléon se joint à Alexandre pour amener le cabinet britannique à des idées de conciliation.

Enfin, en 1812, lorsque l'Empereur était à l'apogée de sa puissance, il fait encore les mêmes propositions à l'Angleterre. Toujours il a demandé la paix après une victoire, jamais il n'y a consenti après une défaite. « Une nation, disait-il, retrouve
» des hommes plus aisément qu'elle ne retrouve
» son honneur. »

Il serait trop pénible de penser que la guerre n'a été entretenue que par des passions haineuses ou des intérêts de partis. Si une lutte aussi acharnée s'est perpétuée longtemps, c'est sans doute parce que les deux peuples se connaissaient trop peu, et que chaque gouvernement s'abusait réciproquement sur l'état de son voisin. L'Angleterre ne voyait peut-être dans Napoléon qu'un despote qui opprime son pays et qui épuise toutes ses ressources pour satisfaire son ambition guerrière; elle ne savait pas reconnaître que l'Empereur était l'élu du peuple, dont il représentait tous les intérêts matériels et moraux pour lesquels la France avait combattu depuis 1789. On pourrait de même avancer que le gouvernement français, confondant l'aristocratie éclairée de l'Angleterre avec l'aristocratie féodale qui pesait sur la France avant la révolution, croyait avoir affaire à un gouvernement oppresseur. Mais l'aristocratie anglaise est comme le Briarée de la Fable : elle tient au peuple par cent mille racines ; elle a obtenu de lui autant de sacrifices que Napoléon a obtenu d'efforts de la nation française. Et, ce qui est digne de remarque dans la lutte de ces deux pays, c'est que la rivalité de l'Angleterre mit un instant Napoléon en mesure de réaliser contre cette puissance un projet européen semblable à celui que Henri IV eût accompli contre l'Espagne, de concert avec Élisabeth, si le fer d'un assassin n'eût ravi ce grand monarque à la France et à l'Europe.

Nous reviendrons, dans un autre chapitre, sur la moralité du but que se proposait l'Empereur. Examinons maintenant les principales améliorations qu'il introduisit dans les pays étrangers. Bien différent des autres gouvernements, qui ont toujours traité en pays conquis les provinces qu'ils acquéraient, l'Empereur a fait participer toutes les nations dont il fut le maître aux bienfaits d'une administration éclairée ; et les pays qu'il incorpora à la France jouirent à l'instant des mêmes prérogatives que la mère patrie. Lorsqu'il donnait des couronnes, il imposait toujours deux conditions au roi qu'il nommait : l'inviolabilité de la constitution et la garantie de la dette publique.

En Italie, il forme un grand royaume, qui a son administration, son armée italienne. Tous les emplois administratifs et judiciaires sont remplis par des indigènes. Les troupes ne sont plus composées de mercenaires, de la lie de la nation. Tout homme est appelé à défendre sa patrie; l'armée devient citoyenne. Le souverain ne puise plus, suivant son caprice, dans le Trésor public; il a sa liste civile. La féodalité, les dîmes, les mainmortes, les ordres monastiques sont détruits; un statut constitutionnel établit trois colléges, des *possidenti,* des *commercianti* et des *dotti.* On joint donc aux deux premiers colléges, qui exigeaient pour l'admissibilité une certaine quotité d'impôts, un troisième collége dégagé de cette obligation, composé, sous le nom de Collége des savants, de deux cents citoyens choisis parmi les hommes les plus célèbres dans tous les genres de sciences, arts libéraux ou mécaniques, où les plus distingués soit par leurs doctrines en matières ecclésiastiques, soit par leurs connaissances en législation, en morale, en politique, en administration.

Les citoyens sont organisés en garde nationale;

le pays, divisé en départements, et administré par les préfectures et sous-préfectures, perd cet esprit provincial qui tue la nationalité. Des lois nouvelles sur la propriété et sur le système hypothécaire simplifient l'administration et enrichissent le pays. L'agriculture, les sciences et les arts sont encouragés. On introduit le code français, la publicité des procédures en matière criminelle. Des maisons de travail s'élèvent dans plusieurs villes pour détruire la mendicité. Des couvents sont changés en hospices. On établit les justices de paix, et le système décimal pour la monnaie, les poids et mesures. L'instruction publique est réglée par une loi, qui la divise pour la partie économique en trois degrés : nationale, départementale et communale; et pour la partie scientifique, pareillement en trois degrés : transcendante, moyenne et élémentaire; au-dessus s'élève l'Institut national. Le concordat italien met le pouvoir temporel à l'abri des empiétements du pouvoir ecclésiastique. Les différents liens des peuples d'Italie se resserrent par des communications qui deviennent plus faciles. Les Alpes s'aplanissent, et l'Apennin, coupé par des routes nouvelles, unit le Piémont à la Méditerranée. La gloire italienne se réveille, et, pour la première fois depuis César, on voit les légions italiennes fouler en vainqueurs le sol de l'Ibérie. Le nom si beau d'*Italie*, mort depuis tant de siècles, est rendu à des provinces jusque-là détachées ; il renferme en lui seul tout un avenir d'indépendance [1].

Napoléon détruisit ces petites républiques qui, comme le dit Montesquieu, ne devaient leur existence qu'à la perpétuité de leurs abus. Depuis les Alpes jusqu'à Otrante, il n'y a plus que trois grandes divisions : le royaume d'Italie, le royaume de Naples et les provinces françaises. Napoléon avait réuni au grand empire le Piémont, ainsi que Rome et Florence, dans le but d'habituer ces peuples à un gouvernement qui fît les hommes citoyens et soldats. Une fois les guerres finies, il les aurait rendus à la mère patrie ; et ces provinces, retrempées par son autorité, se fussent trouvées heureuses de passer de la domination française sous un gouvernement italien ; tandis que si cette grande réorganisation eût été plus hâtive, ces peuples, que l'action française n'aurait point préparés à une nationalité commune, auraient sans doute regretté leurs anciennes individualités politiques.

[1] En recevant la députation italienne qui lui apportait la couronne, Napoléon répondit en public à M. Melzi : « J'ai toujours eu l'intention de créer *libre et indépendante* la nation italienne. J'accepte la couronne, je la garderai, mais seulement tout le temps que mes intérêts l'exigeront. » (Voyez Botta, liv. XXII, p. 5.)

La Suisse, en proie à la guerre civile, livrée à la fois aux terreurs de l'anarchie et aux empiétements de l'aristocratie, est tout à coup pacifiée par la médiation de Napoléon. Il appelle à lui les représentants de l'Helvétie, combat l'opinion de ceux qui voulaient pour certains cantons seulement la liberté, pour les autres la dépendance, et ayant discuté longuement les intérêts de chacun en particulier, il leur fait adopter une constitution qui, tout en consacrant les principes de liberté et de justice, conservait du régime précédent tout ce qui n'était pas incompatible avec ces principes. Les principales clauses de l'acte de médiation étaient : 1° l'égalité des droits entre les dix-neuf cantons; 2° la renonciation volontaire aux priviléges de la part des familles patriciennes; 3° une organisation fédérative, d'après laquelle chaque canton se trouvait constitué suivant sa langue, sa religion, ses mœurs, ses intérêts et son opinion. Aussi la Suisse, qui a dû à l'acte de médiation douze années de calme et de prospérité, a toujours conservé de la reconnaissance pour le médiateur.

L'Allemagne méridionale, affranchie du joug de l'Empire germanique, voit la civilisation s'avancer sous les auspices du Code Napoléon, et au lieu d'être morcelée en deux cent quatre-vingt-quatre

Etats, elle voit ce nombre réduit à trente et un par l'établissement de la Confédération du Rhin [1].

La Westphalie, autre germe régénérateur assis sur l'Elbe, composée de provinces soumises à tous les abus de la féodalité, reçoit des institutions qui consacrent l'égalité de tous les citoyens devant la loi, suppriment tout privilége industriel, tout servage, quel qu'il soit. L'introduction du Code civil, la publicité des jugements par jury en matière criminelle, sont autant d'améliorations dues au régime français. Les fiefs sont déclarés propriétés libres, en conservant à la couronne la réversibilité en cas

---

[1] Seigneuries et souverainetés de l'ancienne Allemagne ayant voix à la diète, et dans leur territoire droit de législation et de justice :

Électeurs	9
Princes laïques.	61
Princes ecclésiastiques.	33
Abbés et abbayes avec droits seigneuriaux . .	41
Comtes et seigneurs de l'Empire :	
— en Wetteravie.	16
— en Souabe.	23
— en Franconie	17
— en Westphalie.	33
Souverains. . . .	233
Plus, républiques.	51
Total.	284 États.

Le décret de Ratisbonne (1803), premier acte de l'Empire

de déshérence. Des dispositions prévoyantes sont adoptées pour empêcher les procès que pouvait faire naître l'abolition du servage. Le rachat des rentes et des redevances féodales est réglé par une loi. Toutes les religions jouissent d'une égale liberté ; le culte israélite a aussi son consistoire.

En Bavière, le roi Maximilien donne, en 1808, une constitution qui, en assurant les libertés du peuple, détruisait les privilèges féodaux.

Dans les grands-duchés de Bade et de Berg, comme dans les pays d'Erfurt, Fulde, Hanau et Bayreuth, l'influence de l'Empereur fait abolir,

germanique rédigé sous l'influence de Napoléon, réduit ces Etats au nombre de 147.

Électeurs.	10
Seigneuries ayant voix à la diète.	131
Villes libres.	6
Total.	147

Par la Confédération du Rhin, l'Empereur Napoléon médiatisa tous ces princes ; il ne resta plus que 31 États :

Rois.	4
Électeur archichancelier.	1
Grands-ducs.	3
Landgrave.	1
Princes.	11
Ducs.	10
Comte.	1
En tout.	31 États.

en 1808, le servage, le colonat et les droits qui en dérivaient au profit des seigneurs. Les serfs et les colons recouvrent la plénitude des droits civils et le droit de propriété.

La liberté de conscience n'existait pas en Saxe; l'Empereur la fait introduire dans la constitution de ce pays en 1806.

La Pologne, cette sœur de la France, toujours si dévouée, toujours si magnanime, peut espérer une prochaine résurrection, car l'Empereur érige le duché de Varsovie, qui doit servir de noyau à une nationalité complète. La constitution de ce nouveau duché abolit l'esclavage, consacre l'égalité des droits, et place l'état des personnes sous la sauvegarde des tribunaux ; elle y introduit le Code civil français. Le roi de Saxe est choisi comme souverain de Varsovie, parce qu'il est descendant des princes qui avaient régné sur la Pologne; il a auprès de lui, en sa qualité de grand-duc de Varsovie, un conseil d'État, composé des Polonais les plus distingués. On décrète un statut constitutionnel, qui assure les priviléges et les libertés du peuple. La diète générale est formée de deux Chambres, celle du Sénat et celle des nonces; elle vote les impôts et discute les lois. Enfin, comme le dit M. Bignon dans un ouvrage où le patriotisme égale le talent, une tribune est élevée à Varsovie au milieu de l'atmosphère silencieuse des gouvernements voisins.

Quoique l'Empereur ait pu disposer arbitrairement de la destinée de tant de peuples, il les fit toujours coopérer eux-mêmes aux lois qu'il leur donnait. Sa conduite est la même à l'égard de tous les pays dont il a changé les anciens gouvernements. En 1800 il fait venir à Lyon les députés de l'Italie du nord, et il discute avec eux la constitution qui doit les régir [1]. En 1805, une autre consulte extraordinaire se réunit à Paris pour constituer le royaume d'Italie. En Hollande, c'est le Corps législatif de ce pays qui est chargé de faire la constitution. Pour la Suisse, l'acte de médiation est également l'œuvre des députés des cantons réunis à Paris.

Le système de l'Empereur, qui consistait à appeler près de lui les personnes les plus distinguées d'un pays pour travailler à sa régénération, ayant

[1] Cette consulte extraordinaire renfermait dans son sein toutes les notabilités de la république : le clergé, la magistrature, les administrations des départements et des cités principales, les chambres de commerce, les académies et les universités, les gardes nationaux et les troupes de ligne; toutes les classes, toutes les professions y avaient envoyé leurs représentants.

amené d'aussi heureux résultats pour la Suisse et l'Italie, il résolut de l'appliquer en 1808 à l'Espagne, qui plus que toute autre nation avait besoin d'une résurrection politique.

L'Empereur ne s'était pas rendu à Bayonne avec l'intention de détrôner les rois d'Espagne; mais lorsqu'il vit Charles IV et Ferdinand à ses pieds, et qu'il put juger par lui-même de toute leur incapacité, il prit en pitié le sort d'un grand peuple; et, comme il le dit lui-même, il saisit aux cheveux l'occasion que lui présentait la fortune pour reconstituer l'Espagne et l'unir intimement à son système. Il réunit à Bayonne une junte nationale extraordinaire, composée de députés élus par toutes les provinces. Un projet de constitution fut livré à la libre discussion de la junte; ce projet admettait un Sénat, un conseil d'État, des Cortès ou assemblées de la nation, divisées en trois bans; il adoptait l'ordre judiciaire de la France; l'égalité était garantie pour le payement des impôts et pour l'admission aux emplois publics; les majorats étaient réduits; la liberté de la presse était autorisée, deux ans après la mise en activité de la constitution; enfin, cette Charte garantissait tous les droits que la nation espagnole pouvait désirer, et détruisait tous les vieux abus, tels que l'inquisition, les priviléges féo-

daux ¹, etc. En faisant connaître au peuple de la Péninsule ses intentions, l'Empereur lui adressa ces belles paroles : « Espagnols! après une longue ago-
» nie, votre nation périssait. J'ai vu vos maux, je
» vais y porter remède. Je ne veux point régner sur
» vos provinces, mais je veux acquérir des droits
» éternels à l'amour et à la reconnaissance de votre
» postérité. Votre monarchie est vieille, je veux la
» rajeunir. J'améliorerai toutes vos institutions et je
» vous ferai jouir, si vous me secondez, des bienfaits
» d'une réforme sans froissement, sans désordre,
» sans convulsions. Espagnols! j'ai fait convoquer
» une assemblée générale de députations des pro-
» vinces et des villes. Je veux m'assurer par moi-
» même de vos désirs et de vos besoins, et je pose-
» rai alors votre glorieuse couronne sur la tête d'un
» autre moi-même, en vous promettant une consti-
» tution qui concilie la facile et salutaire autorité du
» souverain avec la liberté et les priviléges du peu-
» ple; car je veux que vos derniers neveux conser-

---

¹ En arrivant à Madrid, l'Empereur abolit l'inquisition. Il réduisit les couvents, tout en donnant une existence honorable aux religieux et en augmentant le traitement des curés de campagne. Il supprima les droits féodaux et redevances personnelles. Il transporta les douanes aux frontières. Enfin, l'aliénation de certaines impositions civiles et ecclésiastiques faite par donation fut révoquée, et toute justice seigneuriale abolie. (Bignon, tome VIII, p. 54.)

» vent mon souvenir et disent : Il fut le régénérateur
» de notre patrie. »

Mais aucune nation n'était moins préparée que l'Espagne à subir un changement social. Elle fut sourde à un aussi noble langage, et repoussa la seule main qui pouvait la sauver. Aujourd'hui elle doit éprouver des regrets d'autant plus amers que la terrible prédiction de l'Empereur à Sainte-Hélène s'accomplit : « Je leur eusse épargné, a-t-il dit, l'af-
» freuse tyrannie qui les foule, les terribles agita-
» tions qui les attendent! »

Si la guerre est le fléau de l'humanité, ce fléau perd une grande partie de sa malheureuse influence quand la force des armes est appelée à fonder, au lieu de détruire. Les guerres de l'Empire ont été comme le débordement du Nil : lorsque les eaux de ce fleuve couvrent les campagnes de l'Égypte, on pourrait croire à la dévastation ; mais à peine se sont-elles retirées, que l'abondance et la fertilité naissent de leur passage !

CHAPITRE CINQUIÈME.

BUT OU TENDAIT L'EMPEREUR.

Association européenne. — Liberté en France.

Lorsque le sort des armes eut rendu Napoléon maître de la plus grande partie du continent, il voulut faire servir ses conquêtes à l'établissement d'une confédération européenne[1].

Prompt à saisir la tendance de la civilisation, l'Empereur en accélérait la marche, en exécutant

---

[1] Il fit précéder l'acte additionnel par ces paroles remarquables : « J'avais, dit-il en parlant du passé, pour but d'or-
» ganiser un grand système *fédératif européen*, que j'avais
» adopté comme conforme à l'esprit du siècle et favorable aux
» progrès de la civilisation. Pour parvenir à le compléter, et à
» lui donner toute l'étendue et toute la stabilité dont il était
» susceptible, j'avais *ajourné* l'établissement de plusieurs insti-
» tutions intérieures plus spécialement destinées à protéger la
» liberté des citoyens. »

sur-le-champ ce qui n'était renfermé que dans les lointains décrets de la Providence. Son génie lui faisait prévoir que la rivalité qui divise les différentes nations de l'Europe disparaîtrait devant un intérêt général bien entendu.

Plus le monde se perfectionne, plus les barrières qui divisent les hommes s'élargissent, plus il y a de pays que les mêmes intérêts tendent à réunir.

Dans l'enfance des sociétés, l'état de nature existait d'homme à homme; puis un intérêt commun réunit un petit nombre d'individus, qui renoncèrent à quelques-uns de leurs droits naturels, afin que la société leur garantît l'entière jouissance de tous les autres. Alors se forma la tribu ou la peuplade, association d'hommes où l'état de nature disparut, et où la loi remplaça le droit du plus fort. Plus la civilisation a fait de progrès, plus cette transformation s'est opérée sur une grande échelle. On se battait d'abord de porte à porte, de colline à colline; puis l'esprit de conquête et l'esprit de défense ont formé des villes, des provinces, des États; et un danger commun ayant réuni une grande partie de ces fractions territoriales, les nations se formèrent. Alors l'intérêt national embrassant tous les intérêts locaux et provinciaux, on ne se battit plus que de peuple à peuple; et chaque peuple à son tour s'est promené triomphant sur le territoire de son voisin, lorsqu'il a eu un grand homme à sa tête et une grande cause derrière lui. La commune, la ville, la province, ont donc, l'une après l'autre, agrandi leur sphère sociale, et reculé les limites du cercle au delà duquel existe l'état de nature. Cette transformation s'est arrêtée à la frontière de chaque pays ; et c'est encore la force et non le droit qui décide du sort des peuples.

Remplacer entre les nations de l'Europe l'état de nature par l'état social, telle était donc la pensée de l'Empereur ; toutes ses combinaisons politiques tendaient à cet immense résultat ; mais pour y arriver, il fallait amener l'Angleterre et la Russie à seconder franchement ses vues.

« Tant qu'on se battra en Europe, a dit Napo-
» léon, cela sera une guerre civile. »

« La sainte alliance est une idée qu'on m'a volée, » c'est-à-dire, la sainte alliance des peuples par les rois et non celle des rois contre les peuples. Là est l'immense différence entre son idée et la manière dont on l'a réalisée. Napoléon avait déplacé les souverains dans l'intérêt momentané des peuples ; en 1815 on déplaça les peuples dans l'intérêt particulier des souverains. Les hommes d'État de cette époque, ne consultant que des rancunes ou des passions, basèrent un équilibre européen sur les rivalités des grandes puissances, au lieu de l'asseoir sur des intérêts généraux. Aussi leur système s'est-il écroulé de toutes parts.

La politique de l'Empereur, au contraire, consistait à fonder une association européenne solide, en faisant reposer son système sur des nationalités complètes et sur des intérêts généraux satisfaits. Si la fortune ne l'eût pas abandonné, il aurait eu dans ses mains tous les moyens de constituer l'Europe; il avait gardé en réserve des pays entiers dont il pourrait disposer pour atteindre son but. Hollandais, Romains, Piémontais, habitants de Brême et de Hambourg, vous tous qui avez été étonnés de vous trouver Français, vous rentrerez dans l'atmosphère de nationalité qui convient à vos antécédents et à votre position; et la France, en cédant les droits que la victoire lui avait donnés sur vous, agira encore dans son propre intérêt; car son intérêt ne peut se séparer de celui des peuples civilisés. Pour cimenter l'association européenne, l'Empereur, suivant ses propres paroles, eût fait adopter un code européen, une cour de cassation européenne, redressant pour tous les erreurs, comme la cour de cassation en France redresse les erreurs de ses tribunaux. Il eût fondé un institut européen pour animer, diriger, et coordonner toutes les associations savantes en Europe[1]. L'uniformité des monnaies, des poids, des mesures, l'uniformité de la législation, eussent été obtenues par sa puissante intervention.

La dernière grande transformation eût donc été accomplie pour notre continent. Et de même que dans le principe les intérêts communaux s'étaient élevés au-dessus des intérêts individuels; puis les intérêts de cité au-dessus des intérêts de commune, les intérêts de province au-dessus des intérêts de cité; enfin les intérêts de la nation au-dessus des intérêts de province; de même aussi les intérêts européens auraient dominé les intérêts nationaux; et l'humanité eût été satisfaite : car la Providence n'a pu vouloir qu'une nation ne fût heureuse qu'aux

---

[1] L'Empereur avait déjà commencé cette espèce d'association européenne pour les sciences, en donnant des prix européens pour les découvertes ou inventions nouvelles. Malgré l'état de guerre, Davy à Londres, et Hermann à Berlin, gagnèrent des prix créés par l'Institut.

Dans une même pensée de confraternité européenne, l'Empereur fit déclarer, par un sénatus-consulte du 21 février 1808, que ceux qui auraient rendu ou rendraient des services importants à l'État, ou qui apporteraient dans son sein des talents, des inventions, ou une industrie utile, ou qui formeraient de grands établissements, pourraient, après un an de domicile, être admis à jouir du droit de citoyen français, qui leur serait conféré par un décret.

dépens des autres, et qu'il n'y eût en Europe que des vainqueurs et des vaincus, et non des membres réconciliés d'une même et grande famille.

L'Europe napoléonienne fondée, l'Empereur eût procédé en France aux établissements de paix. Il eût consolidé la liberté ; il n'avait qu'à détendre les fils du réseau qu'il avait formé.

Le gouvernement de Napoléon, plus que tout autre, pouvait supporter la liberté, par cette unique raison que la liberté eût affermi son trône, tandis qu'elle renverse les trônes qui n'ont pas de base solide.

La liberté eût affermi sa puissance, parce que Napoléon avait établi en France tout ce qui doit précéder la liberté[1] ; parce que son pouvoir reposait sur la masse entière de la nation ; parce que ses intérêts étaient les mêmes que ceux du peuple ; parce qu'enfin la confiance la plus entière régnait entre les gouvernants et les gouvernés.

En effet, sans intérêts identiques, sans confiance absolue, aucune autorité n'est possible : car, quelque bien que fasse ou veuille faire un gouvernement, il est condamné à périr si on prête à tous ses

---

[1] Voyez le commencement du troisième chap., p. 35.

actes des intentions coupables. « L'une des qualités
» indispensables d'un gouvernement, a dit M. Thiers[1],
» c'est d'avoir cette bonne renommée qui repousse
» l'injustice. Quand il l'a perdue et qu'on lui im-
» pute tout à crime, les torts des autres et ceux même
» de la fortune, il n'a plus la faculté de gouverner,
» et cette impuissance doit le condamner..... à se
» retirer. »

En Angleterre, en 1687, le défaut de confiance
du peuple envers le souverain amena de funestes
conséquences. Le roi Jacques II publia de sa propre
autorité une déclaration de liberté de conscience
pour tous ses sujets; mais la nation se méfia des
intentions du souverain; et croyant qu'il voulait
par là favoriser le triomphe du catholicisme, elle
fut indignée d'un acte qu'elle supposait dicté par
la duplicité, quoique le principe en fût juste et généreux.

L'Empereur Napoléon, au contraire, possédant
la confiance illimitée du peuple, tout lui était facile.
Il avait d'abord surmonté la plus grande difficulté,
et jeté les principaux fondements d'un établissement
solide, en réconciliant entre eux tous les membres
de la famille française. Tous étaient d'accord sur
la base fondamentale de la constitution. Les inté-

[1] *Histoire de la Révolution*, tome X, p. 276.

rêts de la majorité se confondaient à un tel point dans ceux de la dynastie de Napoléon, qu'en 1811, à l'endroit même où quelques années auparavant on avait juré haine implacable à la royauté, on vit tout Paris, toute la France saluer de ses acclamations la naissance d'un enfant, parce que cet enfant paraissait être un gage de la durée et de la stabilité du gouvernement impérial.

Aimé surtout des classes populaires, Napoléon pouvait-il craindre de donner des droits politiques à tous les citoyens? Lorsque, nommé consul à vie, il rétablit le principe du droit d'élection, il proféra ces paroles remarquables : « Pour la *stabilité* du » gouvernement, il faut que le peuple ait plus de » part aux élections! » Ainsi, déjà en 1803, Napoléon prévoyait que la liberté fortifierait son pouvoir : ayant ses plus chauds partisans dans le peuple, plus il abaissait le sens électoral, plus ses amis naturels avaient de chances d'arriver à l'assemblée législative; plus il donnait de pouvoir aux masses, plus il affermissait le sien.

La liberté de discussion dans les Chambres n'eût pas eu non plus d'effets dangereux pour le gouvernement impérial : car tous étant d'accord sur les questions fondamentales, l'opposition n'eût servi qu'à faire naître une noble émulation, et au lieu de dépenser son énergie à provoquer au renversement, elle aurait borné ses efforts à améliorer.

Enfin, la liberté de la presse n'eût servi qu'à mettre en évidence la grandeur des conceptions de Napoléon, qu'à proclamer les bienfaits de son règne. Général, consul, empereur, ayant tout fait pour le peuple, eût-il craint qu'on lui reprochât des conquêtes qui n'avaient eu pour résultat que la prospérité et la grandeur de la France, que la paix du monde? Eût-il craint qu'on mît en opposition de sa gloire une gloire plus grande que la sienne? Non, ce n'était pas un gouvernement resplendissant de lauriers civils et militaires qui pouvait redouter le grand jour! Plus une autorité a de force morale, moins l'emploi de la force matérielle lui est nécessaire; plus l'opinion lui confère de pouvoir, plus elle peut se dispenser d'en faire usage.

Répétons-le donc, l'identité des intérêts entre le souverain et le peuple, voilà la base essentielle d'une dynastie. Un gouvernement est inébranlable quand il peut se dire : Ce qui profitera au plus grand nombre, ce qui assurera la liberté des citoyens et la prospérité du pays fera aussi la force de mon autorité et consolidera mon pouvoir. Mais lorsqu'un gouvernement n'a ses partisans que dans une seule classe, que la liberté ne donne des armes qu'à ses ennemis, comment peut-on espérer de lui qu'il étende le système d'élection, qu'il favorise la liberté? Peut-on demander à un gouvernement qu'il se suicide lui-même?

Ainsi, avec Napoléon, on arrivait sans secousses et sans troubles à un état normal, où la liberté eût été le soutien du pouvoir, la garantie du bien-être général, au lieu d'être une arme de guerre, une torche de discorde.

C'est avec l'impression que laisse un rêve enivrant qu'on s'arrête sur le tableau de bonheur et de stabilité qu'eût présenté l'Europe si les vastes projets de l'Empereur eussent été accomplis. Chaque pays, circonscrit dans ses limites naturelles, uni à son voisin par des rapports d'intérêt et d'amitié, aurait joui à l'intérieur des bienfaits de l'indépendance, de la paix et de la liberté. Les souverains, exempts de crainte et de soupçons, ne se seraient appliqués qu'à améliorer le sort de leurs peuples, et à faire pénétrer chez eux tous les avantages de la civilisation!

Au lieu de cela, qu'avons-nous maintenant en Europe? Chacun en s'endormant le soir craint le réveil du lendemain : car le germe du mal est partout, et toute âme honnête redoute presque le bien, à cause des sacrifices qu'il faudrait pour l'obtenir!

Hommes de la liberté, qui vous êtes réjouis de la chute de Napoléon, votre erreur a été funeste ! Que d'années s'écouleront encore, que de luttes et de sacrifices avant que vous soyez arrivés au point où Napoléon vous avait fait parvenir !

Et vous, hommes d'État du congrès de Vienne, qui avez été les maîtres du monde sur les débris de l'Empire, votre rôle aurait pu être beau, vous ne l'avez pas compris ! Vous avez ameuté, au nom de la liberté et même de la licence, les peuples contre Napoléon ; vous l'avez mis au ban de l'Europe comme un despote et un tyran ; vous avez dit avoir délivré les nations et assuré leur repos. Elles vous ont crus un moment ; mais on ne bâtit rien de solide sur un mensonge et sur une erreur ! Napoléon avait fermé le gouffre des révolutions ; vous l'avez rouvert en le renversant. Prenez garde que ce gouffre ne vous engloutisse !

CHAPITRE SIXIÈME.

CAUSE DE LA CHUTE DE L'EMPEREUR.

Nous avons montré dans les chapitres précédents toutes les chances de durée qu'avaient les créations impériales. Mais, dira-t-on, l'édifice que vous trouvez si solide à l'intérieur a été renversé! cette politique étrangère que vous trouvez si profonde a été la cause de sa ruine!

A cela nous répondons : L'édifice à l'intérieur était solide, car ce n'est pas de l'intérieur qu'est venu le choc qui l'a renversé; quant au système conçu par l'Empereur, il n'a pu s'établir définitivement, et pour apprécier sa force, il eût fallu d'abord qu'il eût été mis en pratique.

L'Empereur est tombé, parce qu'il a achevé trop tôt son ouvrage, parce que les événements se pressant avec trop de rapidité, il vainquit, pour ainsi dire, trop promptement. Devançant par son génie et le temps et les hommes, heureux, on le crut un dieu; malheureux, on ne vit plus que sa témérité. Emporté par le flot de la victoire, Napoléon ne put être suivi dans son rapide essor par les philosophes, qui, bornant leurs idées au cercle étroit du foyer domestique, pour un rayon de liberté, aidèrent à étouffer le foyer même de la civilisation.

D'un autre côté, les peuples étrangers, impatients des maux momentanés de la guerre, oublièrent les bienfaits que Napoléon leur apportait, et pour un mal passager, ils repoussèrent tout un avenir d'indépendance. C'est qu'il n'était pas donné même au plus grand génie des temps modernes de pouvoir, en quelques années, détruire à l'étranger toutes les préventions, persuader toutes les consciences.

La France avait trop grandi par la révolution pour ne pas éveiller des rivalités et des haines; pour les calmer, il eût fallu descendre dès le commencement de l'Empire. Ces mêmes rivalités firent, au contraire, monter Napoléon jusqu'à l'apogée de sa puissance; quand ensuite il fut obligé de descendre, il ne lui fut plus possible de s'arrêter.

Le temps n'ayant point cimenté ses alliances,

ni effacé le souvenir de rancunes trop récentes, au premier échec, ses alliés se tournèrent contre lui. Trompé dans ses prévisions, l'Empereur ne voulut plus adhérer à des propositions qu'il ne croyait pas sincères; les étrangers, de leur côté, en voyant Napoléon toujours plus fier après une défaite, pensèrent qu'il ne consentirait jamais à une paix définitive.

Napoléon n'est tombé que parce que ses projets s'agrandissant en proportion des éléments qu'il avait à sa disposition, il voulut en dix ans d'empire faire l'ouvrage de plusieurs siècles.

Ce n'est donc pas par impuissance que l'Empereur a succombé, mais par épuisement; et malgré des revers effroyables, des calamités sans nombre, le peuple français l'a toujours affermi par ses suffrages, soutenu par ses efforts, encouragé par son attachement.

C'est une consolation pour ceux qui sentent le sang du grand homme couler dans leurs veines, que de penser aux regrets qui ont accompagné sa disparition. Elle est grande et enorgueillissante, la pensée qu'il a fallu tous les efforts de l'Europe combinés pour arracher Napoléon à cette France qu'il avait rendue si grande! Ce n'est pas le peuple français en courroux qui a sapé son trône, il a fallu à deux fois douze cent mille étrangers pour briser le sceptre impérial!

Ce sont pour un souverain de belles funérailles, que celles où la patrie éplorée et la gloire en deuil l'accompagnent à son dernier séjour!

CHAPITRE SEPTIÈME.

CONCLUSION.

La période de l'Empire a été une guerre à mort de l'Angleterre contre la France. L'Angleterre a triomphé ; mais, grâce au génie créateur de Napoléon, la France, quoique vaincue, a moins perdu matériellement que l'Angleterre. Les finances de la France sont encore les plus prospères de l'Europe ; l'Angleterre plie sous le poids de sa dette. L'élan donné à l'industrie et au commerce ne s'est point arrêté, malgré nos revers ; aujourd'hui, le continent européen se fournit par lui-même de la plupart des produits que lui fournissait autrefois l'Angleterre.

Or, maintenant nous le demandons, quels sont les plus grands hommes d'État, ceux qui ont gouverné des pays qui ont gagné malgré leur défaite, ou ceux qui ont régi des contrées qui ont perdu malgré leur victoire?

La période de l'Empire a été une guerre à mort contre le vieux système européen. Le vieux système a triomphé; mais, malgré la chute de Napoléon, les idées napoléoniennes ont germé partout. Les vainqueurs mêmes ont pris les idées des vaincus, et les peuples se consument en efforts pour refaire ce que Napoléon avait établi chez eux.

En France, on réclame sans cesse, sous d'autres noms ou d'autres formes, la réalisation des idées de l'Empereur. Si une grande mesure ou un grand travail s'exécute, c'est généralement un projet de Napoléon que l'on exécute ou que l'on termine. Tout acte du pouvoir, toute proposition des Chambres se met toujours sous l'égide de Napoléon pour se rendre populaire; et sur un mot tombé de sa bouche on bâtit tout un système.

L'Italie, la Pologne, ont cherché à recouvrer cette organisation nationale que Napoléon leur avait donnée.

L'Espagne verse à grands flots le sang de ses enfants pour rétablir les institutions que la consulte de Bayonne de 1808 garantissait. Les troubles qui l'agitent ne sont que la réaction qui s'exerce d'elle-même contre leur résistance à l'Empereur.

A Londres aussi la réaction a eu lieu, et l'on a vu le major général de l'armée française à Waterloo fêté par le peuple anglais à l'égal du vainqueur.

La Belgique, en 1830, a manifesté hautement son désir de redevenir ce qu'elle était sous l'Empire.

Plusieurs pays d'Allemagne réclament les lois que Napoléon leur avait données.

Les cantons suisses, d'un commun accord, préfèrent au pacte qui les lie l'acte de médiation de 1803.

Enfin nous avons vu, même dans une république démocratique, à Berne, les districts qui avaient autrefois appartenu à la France, réclamer, en 1838, du gouvernement bernois, les lois impériales dont l'incorporation à cette république les avait privés depuis 1815.

Demandons-le donc aussi, quels sont les plus grands hommes d'État, ceux qui fondent un système qui s'écroule malgré leur toute-puissance, ou ceux qui fondent un système qui survit à leur défaite, et qui renaît de ses cendres ?

Les idées napoléoniennes ont donc le caractère des idées qui règlent le mouvement des sociétés, puisqu'elles avancent par leur propre force, quoique privées de leur auteur; semblables à un corps qui, lancé dans l'espace, arrive par son propre poids au but qui lui était assigné.

Il n'est plus besoin maintenant de refaire le système de l'Empereur, il se refera de lui-même; souverains et peuples, tous aideront à le rétablir, parce que chacun y verra une garantie d'ordre, de paix et de prospérité.

Où trouver d'ailleurs aujourd'hui cet homme extraordinaire qui imposait au monde par le respect dû à la supériorité des conceptions ?

Le génie de notre époque n'a besoin que de la simple raison. Il y a trente ans, il fallait deviner et préparer; maintenant il ne s'agit que de voir juste et de recueillir.

« Dans les faits contemporains comme dans les faits historiques, a dit Napoléon, on peut trouver des leçons, rarement des modèles. » On ne saurait copier ce qui s'est fait, parce que les imitations ne produisent pas toujours les ressemblances.

En effet, copier dans ses détails, au lieu de copier dans son esprit, un gouvernement passé, ce serait agir comme un général qui, se trouvant sur le même champ de bataille où vainquit Napoléon ou Frédéric, voudrait s'assurer le succès en répétant les mêmes manœuvres.

En lisant l'histoire des peuples, comme l'histoire des batailles, il faut en tirer des principes généraux, sans s'astreindre servilement à suivre pas à pas une trace qui n'est pas empreinte sur le sable, mais sur un terrain plus élevé, les intérêts de l'humanité.

Répétons-le en terminant, l'idée napoléonienne n'est point une idée de guerre, mais une idée sociale, industrielle, commerciale, humanitaire. Si pour quelques hommes elle apparaît toujours entourée de la foudre des combats, c'est qu'elle fut en effet trop longtemps enveloppée par la fumée du canon et la poussière des batailles. Mais aujourd'hui les nuages se sont dissipés, et on entrevoit à travers la gloire des armes une gloire civile plus grande et plus durable.

Que les mânes de l'Empereur reposent donc en

paix! sa mémoire grandit tous les jours. Chaque vague qui se brise sur le rocher de Sainte-Hélène apporte, avec un souffle d'Europe, un hommage à sa mémoire, un regret à ses cendres, et l'écho de Longwood répète sur son cercueil : « LES PEU-
» PLES LIBRES TRAVAILLENT PARTOUT A REFAIRE TON
» OUVRAGE. »

PIÈCES A L'APPUI.

I

Lettre écrite par Napoléon au ministre de l'intérieur, au sujet des communes.

Chaque commune représente en France mille habitants. Travailler à la prospérité des 36,000 communautés, c'est travailler au bonheur des 30,000,000 d'habitants, en simplifiant la question, en diminuant la difficulté de tout ce qu'établit de différence le rapport de 36 mille à 30 millions. C'est ainsi que Henri IV entendait faire lorsqu'il parlait de sa *poule au pot :* autrement il n'eût dit qu'une sottise.

Avant la révolution, la commune appartenait aux seigneurs et aux prêtres; le vassal et le paroissien n'avaient point de chemins de communication; leurs vaches et leurs moutons point de fossés ni de prés pour pâturer.

Depuis 1790, qui a brusquement et justement arraché de la propriété du seigneur féodal ce droit commun de marcher et de paître, chaque municipalité est devenue, sous la protection des lois générales, une véritable *personne,* ayant droit de posséder, d'acquérir, de vendre et de faire, au profit de la famille municipale, tous les actes de nos codes. Ainsi, par cette grande et nationale pensée, la France s'est trouvée subitement divisée en 36,000 individualités, dont chacune s'est trouvée appelée à éprouver tous les besoins du *propriétaire,* qui consistent à agrandir son domaine, à améliorer ses produits, à accroître ses revenus, etc. Le germe de la prospérité de la France était donc là. Voici comment il n'y a pas eu pour ce germe de développement possible :

C'est que l'intérêt personnel de propriétaire veille sans cesse, fait tout fructifier; au contraire, l'intérêt de communauté est de sa nature somnifère et stérile; l'intérêt personnel n'exige que de l'instinct; l'intérêt de communauté exige de la vertu; elle est rare.

Depuis 1790, les 36,000 communes représentent en France 36,000 orphelines, héritières des vieux droits féodaux, filles délaissées ou pillées depuis dix ans par les tuteurs municipaux de la Convention et du Directoire. En changeant de maires, d'adjoints et de conseillers de commune, elles n'ont guère fait en général que changer de mode de brigandage; on a volé le chemin vicinal, on a volé le sentier, on a volé les arbres, on a volé l'église, on a volé le mobilier de la commune, et on vole encore sous le flasque régime municipal de l'an VIII.

Que deviendraient les communes si un tel régime subsistait dix ans encore? Ce ne seraient plus que des héritières endettées, obérées, sollicitant l'aumône de l'habitant, au lieu de la protection et du secours qu'elles lui doivent ; ayant vendu ou engagé, comme les mauvais sujets de famille, jusqu'à leurs dernières hardes, et ne pouvant plus même vivre d'emprunts qu'on leur refuserait. Chacun craindrait d'aller établir son domicile dans la commune endettée, où il n'aurait à attendre que charges et impôts de toute nature, sous la forme de mendicité, de souscriptions, de cotisations, de contributions extraordinaires, etc. La commune doit être attractive de la population ; elle en sera répulsive.

Le premier devoir d'un ministre de l'intérieur est d'arrêter un tel mal, qui porterait la gangrène dans ces 36,000 membres du corps social.

La première condition, lorsqu'on veut arrêter un grand mal, c'est d'en bien constater la gravité et les circonstances.

Ainsi, le ministre de l'intérieur commencera par faire établir un inventaire général de la situation des 36 mille communes en France.

Cet inventaire a toujours manqué. Voici les principaux faits qu'on inventoriera. On fera trois classes : communes endettées ; communes au courant ; communes ayant des ressources disponibles. Les deux dernières classes forment le plus petit nombre ; il n'est point pressé de s'occuper de celles-là.

La question est de mettre au courant les communes endettées.

L'inventaire donnera : 1° Le détail des biens échéant

à la commune à la suite de l'ancien partage des biens communaux; 2° le détail des emprunts et de ce qui reste à payer avec les échéances; 3° l'estimation des revenus par nature d'objets, comme locations, rentes, etc.; 4° l'état des charges autres que celles de la commune proprement dites, comme rentes à des hospices, à des établissements de bienfaisance, etc.; 5° le détail des chemins, avec indication très-large de ceux qui sont utiles et de ceux qu'on peut vendre; 6° l'état des presbytères, églises et annexes de ces églises maintenant sans desservants (car il y a une multitude d'églises annexes des anciennes paroisses qui tombent en ruine, et où des paysans jettent leur paille et leur foin sans autorisation et sans prix de loyer); on exprimera ce qui peut être vendu et utilisé par l'intérêt particulier; 7° le détail des reprises à faire sur des riverains qui ont volé la commune; 8° des arbres qui pourraient être vendus avantageusement, et quelle nature d'arbres; 9° on indiquera s'il y aurait lieu d'augmenter le prix des baux et d'affermage des droits de pêche, de pâturage, etc.; 10° dans un développement à l'appui de ce grand tableau, les résultats principaux d'une enquête ordonnée par le ministre pour faire établir par des notables de la commune, et au besoin du canton, quels sont les meilleurs moyens de reconstituer plus promptement la fortune matérielle de la commune. J'estime que cet inventaire comprendra plus de la moitié des communes; car toute municipalité qui est obligée de s'imposer extraordinairement est une commune endettée.

Cet inventaire étant une fois établi, on préviendra les

préfets et sous-préfets que toute l'action de la force administrative doit se porter sur ces communes endettées ; qu'il faut changer sur-le-champ les maires et adjoints qui n'entreraient pas dans les vues d'amélioration et de régénération communales. Le préfet devra visiter ces communes au moins deux fois l'année, et le sous-préfet quatre fois l'année, sous peine de destitution. Chaque mois, il sera fait un rapport au ministre sur chaque commune, des résultats de ce qui aura été entrepris et de ce qu'il y aurait à faire.

On me proposera un prix pour les maires qui auront libéré leur commune dans le délai de deux ans, et le gouvernement nommera un commissaire extraordinairement préposé à l'administration de la commune qui, dans le délai de cinq années, ne sera pas libérée. (Ceci devra donner lieu à un projet de loi.)

Après cinq ans, la France ne comptera plus que deux classes de communes : communes ayant des ressources disponibles ; communes au courant. Nous aurons déjà effacé de la carte de France les municipalités endettées dont la communauté tombe en dissolution et pèse à l'habitant.

Arrivé à ce premier nivellement, les efforts du ministre des communes tendront à faire que, dans un nouveau délai, les communes *au courant* s'élèvent à la classe des communes *ayant des ressources disponibles,* de telle sorte qu'avant dix ans la France ne compte plus que de celles-là. Alors le mouvement général de prospérité imprimé au pays par trente-six millions d'efforts particuliers se trouvera multiplié par la puissance amélioratrice de trente-six mille individualités communales agissant toutes sous la haute direction du gouvernement dans un but de continuels perfectionnements.

Chaque année, les cinquante maires qui auront le plus contribué à ramener leur commune à l'état de libération ou de ressources disponibles, seront appelés à Paris aux frais de l'État et présentés, en séance solennelle, aux trois consuls. Une colonne élevée aux frais du gouvernement et placée à l'entrée principale de la ville ou du village, dira à la postérité le nom du maire; on y lira en outre ces mots :

« Au tuteur de la commune, la patrie reconnaissante. »

II

Extrait de l'Exposé de la situation de l'Empire, présenté au Corps législatif, dans la séance du 25 février 1813, par le comte Montalivet, ministre de l'intérieur.

Messieurs,

Sa Majesté m'a ordonné de vous faire connaître la situation de l'intérieur de l'Empire dans les années 1811 et 1812.

Vous verrez avec satisfaction que, malgré les grandes armées que l'état de guerre maritime et continentale oblige de tenir sur pied, la population a continué de s'accroître ; que notre industrie a fait de nouveaux progrès ; que jamais les terres n'ont été mieux cultivées ; les manufactures plus florissantes ; qu'à aucune époque de notre histoire la richesse n'a été plus répandue dans les diverses classes de la société.

Population.

La population de la France était en 1789 de 26 millions d'individus. La population actuelle de l'Empire est de 42 millions 700,000 âmes, dont 28 millions 700,000 pour les départements de l'ancienne France. C'est donc une augmentation de 2 millions 700,000 âmes, ou de près d'un dixième, depuis vingt-quatre ans.

De l'agriculture.

La France, par l'étendue, par la fertilité de son sol, doit être considérée comme un État essentiellement agricole.

Cependant, elle a dû longtemps recourir à ses voisins pour fournir à plusieurs de ses besoins principaux. Elle s'est presque entièrement affranchie de cette nécessité.

Le produit moyen d'une récolte en France est de 270 millions de quintaux de blé, sur lesquels il faut en prélever 40 millions pour les semences.

La population de l'Empire est de 42 millions d'individus; ainsi notre récolte moyenne doit 520 livres de grain à chacun. C'est au delà de tous les besoins, tels qu'on les a évalués à diverses époques.

Après de longues recherches faites par ordre de l'ancien gouvernement, on avait calculé ce besoin à 470 livres, et l'on avait trouvé que la France produisait moyennement les quantités nécessaires à une telle consommation.

Nos produits en céréales se sont donc accrus d'un dixième.

Après les blés, la principale production de notre sol est le vin.

La France produit, année moyenne, 40 millions d'hectolitres de vin.

Pour les vins, l'exportation était, avant la révolution, de 41 millions; elle est aujourd'hui de 47.

Pour les eaux-de-vie, elle était de 13 millions; elle est aujourd'hui de 30.

En 1791, la consommation de toute la France en vins n'était évaluée qu'à 16 millions 500,000 hectolitres. Elle a donc plus que doublé, tandis que les réunions à l'Empire ne forment qu'un tiers à peu près de la population actuelle.

L'ordre est rétabli dans l'administration des forêts; elles se repeuplent et se couvrent de routes et de canaux qui rendent accessibles celles que l'on ne pouvait exploiter. Les nombreuses constructions civiles, militaires et de la marine, sont abondamment pourvues, et nous ne tirons plus de l'étranger que pour 5 millions de bois par an. Avant 1789, nous en tirions pour 11 millions.

La valeur annuelle de nos huiles végétales est de 250 millions. Il y a vingt-cinq ans, nous en tirions de l'étranger pour 20 millions; aujourd'hui, non-seulement nous nous passons du dehors, mais encore nous en exportons annuellement pour 5 ou 6 millions.

Le tabac ne se cultivait autrefois que par exception et dans un petit nombre de provinces. Il nous coûtait annuellement 8 à 10 millions. Aujourd'hui, 30 millions de livres de tabac sont le produit de 30,000 arpents de nos terres consacrés à cette culture. Le sol de la France s'est enrichi d'un produit annuel de 12 millions de tabac; mais ce produit est brut; et la fabrication le sextuple.

Notre récolte moyenne de soies est de 22 millions de livres pesant de cocons.

Autrefois, nous importions pour 25 millions de soies filées. L'année moyenne des importations depuis quatre ans est de 10 millions; et cependant nous exportons des soieries pour une valeur double de celle que nous exportions jadis.

Cette amélioration tient en grande partie au perfectionnement de l'éducation des vers à soie. Le produit net des cocons dans l'ancienne France n'était évalué qu'à 2 millions.

35 millions de moutons nous donnent 120 millions de livres pesant de laine, dont 9 millions sont en laines fines ou perfectionnées. C'est un produit brut de 129 millions. Certaines espèces perfectionnées sont le résultat de l'amélioration d'un million 500,000 moutons, amélioration qui va toujours croissant et qui n'est devenue sensible que depuis un petit nombre d'années.

L'exécution du système qui, partout où l'industrie particulière ne saurait agir assez efficacement, met à la portée des cultivateurs des moyens faciles de perfectionnement, se poursuit avec soin.

Dès cette année, vingt-huit dépôts de béliers-mérinos ont amélioré la race de 54,000 brebis.

Le type des belles espèces est conservé dans de nombreux établissements formés par de grands propriétaires et dans dix bergeries appartenant à l'État.

L'éducation des chevaux avait été singulièrement négligée à l'époque de nos troubles. L'administration s'est occupée avec succès du rétablissement des races les plus utiles.

Des étalons de choix assurent tous les ans l'amélioration des produits de 60,000 juments. Les dépôts entretenus par le gouvernement contiennent seuls 1,400 étalons.

Le nombre des bêtes à cornes a considérablement augmenté. Les soins qu'on leur donne sont mieux entendus; la durée moyenne de leur existence est plus longue. Il y a vingt ans que les exportations et les importations se balançaient. Aujourd'hui les exportations sont le triple des importations; elles arrivent à 10 millions.

Autrefois nos importations en beurre et en fromages excédaient de beaucoup nos exportations; c'est le contraire aujourd'hui. En 1812, les exportations ont été de 10 millions.

Nos mines de fer qui fournissaient, en 1789, 1 million 960,000 quintaux de fonte en gueuse et 160,000 quintaux de fonte moulée, donnent aujourd'hui 2 millions 860,000 quintaux de cette première matière, et 400,000 quintaux de la seconde. C'est une augmentation d'une moitié en sus.

Les mines de charbon donnent de même un produit de 50 millions. C'est cinq fois la valeur de celles que la France exploitait en 1790; mais la plus grande partie de cette augmentation provient des réunions à l'Empire.

Dans cet aperçu des produits de notre industrie, je n'ai pu parler que de quelques objets principaux. J'ai nécessairement négligé le grand nombre de ceux qui, moins importants si on les envisage séparément, offrent une grande valeur par leur réunion.

Le total est une valeur de 5 milliards 31 millions que produit annuellement notre beau sol en matières brutes et premières seulement.

Des manufactures.

On a déjà remarqué que la matière première des soieries est pour la France un objet de 30 millions. Nous recevons du royaume d'Italie pour 10 millions de soies filées et organisées. Cette valeur de 40 millions donne lieu à une fabrication d'étoffes pour 124 millions. C'est donc pour nous un bénéfice de main-d'œuvre de 84 millions, qui triple la valeur de la matière première.

Nous avons exporté en 1812 pour 70 millions de soieries en étoffes pures ou mélangées. La ville de Lyon entretient aujourd'hui 11,500 métiers. En 1800, il n'y en avait que 5,500.

Le nombre de nos manufactures de draps s'est sensiblement augmenté. L'aisance plus généralement répandue a beaucoup influé sur la consommation intérieure, particulièrement en lainages moins grossiers.

Le nombre des métiers et des ouvriers fabriquant les draps, bonneteries et autres étoffes de laine a plus que doublé depuis 1800.

Nous vendons annuellement à l'étranger pour 28 millions de draperies.

L'année moyenne de nos anciennes exportations en draperies n'était que de 19 millions.

Nous avons naturalisé chez nous la fabrique des casimirs; nous avons perfectionné par des machines ingénieuses les divers procédés de la manufacture.

Les toiles de coton se sont multipliées, sans que nous ayons cessé d'employer les chanvres et les lins de notre sol.

La valeur totale des lins et chanvres fabriqués en France est de 232 millions. Mais la matière première entre dans cette valeur pour 80 millions de produits de notre sol et pour 13 millions d'importations. Ce genre de manufacture alimente notre commerce extérieur pour une somme annuelle de 37 millions. Cette valeur de 37 millions était la même avant 1790. Mais jadis nous recevions de ces tissus de l'étranger pour 18 millions par an; aujourd'hui nous en recevons seulement pour 7 millions. L'époque actuelle a donc un véritable avantage.

Le coton offre dans la manufacture de grandes facilités qui lui sont propres.

Des machines ingénieuses ont porté la filature de coton au plus haut degré de fin. Le gouvernement a proposé le prix d'un million à l'inventeur d'un mécanisme qui perfectionnerait la filature du lin autant que celle du coton, et qui diminuerait ainsi le prix de la main-d'œuvre nécessaire à l'emploi de nos matières premières.

Mais jusque-là les cotonnades conservent des avantages qu'il eût été dangereux de se dissimuler. Le gouvernement a dû s'occuper des moyens de ne recevoir, du moins de l'étranger, que la matière brute, et de réserver à la France tout le bénéfice de la manufacture.

Longtemps on a répété que la partie la plus importante de cette main-d'œuvre ne pouvait point nous appartenir ; que le tissage, que le filage même seraient toujours plus parfaits chez l'étranger. Nos lois ont repoussé d'abord tous les tissus de l'étranger. On s'était alarmé de l'effet que devait produire cette prohibition ; mais bientôt de nombreux métiers ont fabriqué chez nous les toiles de coton avec une perfection à laquelle nos concurrents étrangers n'ont pas même pu atteindre.

Cependant ils nous fournissaient encore le fil avec lequel nous formions ces tissus. La prohibition a été décrétée. Depuis lors nous sommes affranchis de tout recours à l'étranger pour telle partie que ce soit de la manufacture des cotons ; et loin de recevoir aujourd'hui des objets manufacturés de ce genre, nous en fournissons au dehors.

Avant 1790, on introduisait annuellement en France pour 24 millions de cotons soit filés, soit en laine. Cette valeur représentait 12 millions de livres de coton ; nous recevions pour 13 millions en objets fabriqués, et la contrebande des toiles et des mousselines était considérable.

70,000 ouvriers étaient alors employés aux diverses mains-d'œuvre du coton en France.

Après nos troubles, depuis l'an X jusqu'en 1806, l'on a introduit en France des cotons pour une valeur annuelle de 48 millions.

Nous recevons, outre cela, des tissus pour une valeur de 46 millions.

Les importations de toiles ou fil ont d'abord été réduites à un million, et depuis deux ans elles ont entièrement cessé. Nous avons au contraire exporté, et l'année moyenne des exportations a été de 17 millions.

La main-d'œuvre des cotons occupe aujourd'hui 234,000 ouvriers.

La méthode qui substitue la houille au charbon de bois dans les forges et hauts fourneaux est devenue certaine.

Les autres mines, celles de cuivre, d'alun, de gypse, les carrières de marbre, etc., produisent 12 millions.

Les manufactures qui ont pour matières premières les métaux, la quincaillerie, la coutellerie, l'orfévrerie, la bijouterie, l'horlogerie, les glaces, les verreries, les porcelaines, ne sont pas devenues l'objet d'exportations annuellement très-considérables; mais réunies elles forment une masse qui avant 1790 fournissait 30 millions par an à nos exportations, et qui aujourd'hui leur donne 42 millions.

Tous ces objets sont pour nous une richesse purement industrielle d'un milliard trois cents millions.

Nouvelle industrie.

La volonté de subvenir à nos besoins sans recourir à l'étranger, le perfectionnement des arts mécaniques et chimiques, l'esprit ingénieux et industrieux des Français, ont amélioré par des inventions utiles, par de nouveaux procédés, nos anciennes cultures, nos anciennes fabrications.

Remplacer dans nos consommations le sucre, l'indigo, la cochenille des colonies ; trouver dans le midi de l'Europe les cotons, et chez nous la soude qui alimente nos marchés, paraissaient choses impossibles.

Dès cette année, les manufactures de sucre qu'on extrait de la betterave nous donneront sept millions de livres pesant de cette denrée. Elle est préparée dans 334 manufactures, qui presque toutes sont en activité.

L'indigo tient le premier rang parmi les substances tinctoriales. Jadis la France, qui en recevait de grandes quantités, en conservait pour une valeur annuelle de 9 millions 500,000 francs. Dans les six années qui ont commencé en 1802, cette valeur moyenne a été annuellement de 18 millions. Dans les cinq années qui ont commencé en 1808, elle est descendue à 6 ou 7 millions.

On est parvenu à extraire du pastel de la propre fécule de l'indigo. Dès à présent, plusieurs manufactures sont en activité; elles donnent un indigo en tout semblable au plus bel indigo de l'Inde; il revient à 10 francs la livre. Nos teintures consomment 12 millions de livres d'indigo; c'est une valeur de 120 millions de francs.

L'écarlate n'était donnée que par la cochenille. Le rouge de la garance, moins beau, était d'ailleurs moins solide. Les frères Gonin, de Lyon, ont réussi à produire avec la garance les mêmes effets qu'avec la cochenille. La France employait autrefois pour un million de cochenille.

Depuis quelques années on cultive le coton dans le

département de Rome ; les récoltes ont produit jusqu'à cent milliers de livres pesant, et la naturalisation de cette plante est assurée. La France reçoit annuellement trois millions de livres pesant de coton du royaume de Naples.

La soude est un produit essentiel à nos manufactures que le commerce maritime pouvait seul nous donner. Il y a vingt-cinq ans, nous en tirions de l'étranger pour 3 millions 500,000 francs. L'année moyenne de l'introduction, dans les neuf années qui ont commencé en 1802, a été de 5 millions 500,000 francs. La chimie est parvenue à créer cette substance avec des matières premières de notre sol, tellement abondantes, et dont les prix sont si peu élevés, que la soude a baissé de deux tiers dans le commerce, malgré la prohibition absolue des soudes étrangères.

L'ensemble des nouvelles productions de notre sol et de notre industrie s'élève donc à 65 millions, susceptibles d'augmenter dans une proportion très-rapide ; et nous nous sommes affranchis du payement annuel de 90 millions que nous donnions à l'étranger, principalement à l'Angleterre.

Les autres parties de notre agriculture et de notre industrie ne recevront aucune diminution. Les 70,000 arpents qui produiront la betterave fussent restés en jachère ; les 30,000 arpents cultivés en pastel sont une bien faible portion de notre territoire, et recevront d'ailleurs des engrais qui rendront plus productives les récoltes qui succéderont à cet assolement.

La garance existe chez nous au delà de tous nos besoins;

nous en exportons pour un million 600,000 francs. Elle ne fera que recevoir un emploi plus utile.

Nos marais salants fournissent indéfiniment la matière de la soude; et c'est un avantage de plus de devoir à cette découverte des moyens d'exploiter davantage la précieuse mine de nos sels.

Du commerce.

Le commerce d'un empire qui compte pour plus de 7 milliards de produits annuels, sans entrer en considération de tant d'autres valeurs réelles ou fictives que les calculateurs en économie politique font entrer dans leurs appréciations, est nécessairement immense.

Si nous avions cherché des valeurs purement commerciales, je ne crains pas de le dire, nos valeurs se seraient élevées à 10 milliards.

En 1789, l'une des années où le commerce extérieur de la France a été le plus considérable, il ne s'est élevé qu'à 357 millions en exportations, et à 400 millions en importations; car il ne faut pas compter comme importations les 236 millions que nous recevions de nos colonies, qui faisaient alors partie intégrante de la France.

On doit retrancher des importations le numéraire qui est le payement fait par l'étranger de quelques-unes de nos exportations.

En retranchant 55 millions d'espèces d'or et d'argent, les importations en France n'étaient donc réellement en 1789 que de 345 millions; les exportations étaient de

357 millions : c'est donc un commerce de 360 millions, soit que l'on considère l'actif, soit que l'on considère le passif. Il n'était pas la quinzième partie de notre commerce intérieur.

Comparons notre commerce extérieur à cette époque avec ce qu'il est aujourd'hui.

Je considérerai nos colonies comme faisant partie de la France, et notre commerce avec elles comme intérieur.

En 1788, les exportations se sont élevées à.................. 365,000,000
Les importations à 345 millions, dont 55 millions en numéraire, ce qui les réduit à 290 millions........ 290,000,000
Les exportations ont donc excédé les importations de.......... 75,000,000

Nous venons de voir qu'en 1789 les importations ayant été plus considérables qu'en 1788, l'excédant des exportations n'avait été que de 12 millions.

En 1812, la somme des exportations s'est étendue à............ 383,000,000
Celle des importations à........ 257,000,000
non compris 93,000,000 de numéraire.
L'excédant des exportations a été de.. 126,000,000

En 1812, l'exportation des produits de notre sol a donc excédé les plus fortes sommes auxquelles elle se soit élevée à d'autres époques.

Les importations, au contraire, ont toujours été en diminuant ; elles sont moindres aujourd'hui qu'avant 1790.

La balance du commerce, qui, en 1788, à l'époque ancienne la plus favorable, n'était que de 25 millions à l'avantage de nos exportations, est aujourd'hui de 126 millions.

L'année moyenne des importations en numéraire, dans les trois années qui ont précédé la révolution, déduction faite des exportations, est de 65 millions ; l'année moyenne aujourd'hui est de 110 millions.

C'est à la situation territoriale dont je viens de faire l'exposé que nous devons l'état de nos finances, la jouissance du meilleur système monétaire de l'Europe, l'absence de tout papier-monnaie, une dette réduite à ce qu'elle doit être pour les besoins des capitalistes. C'est une telle situation qui nous permet de faire face à la fois à une guerre maritime et à deux guerres continentales, d'avoir constamment 900,000 hommes sous les armes, d'entretenir 100,000 hommes de matelots ou d'équipages maritimes, d'avoir 100 vaisseaux de ligne, autant de frégates à l'entretien ou en construction, et de dépenser tous les ans 120 à 150 millions en travaux publics.

Travaux publics.

Depuis l'avénement de Sa Majesté au trône impérial, on a dépensé :

Pour les palais impériaux et bâtiments de la couronne.............	62,000,000
Pour les fortifications............	144,000,000
Pour les ports maritimes.........	117,000,000
Pour les routes................	277,000,000
Pour les ponts................	31,000,000
Pour les canaux, la navigation et les desséchements................	123,000,000
Pour les travaux de Paris.........	102,000,000
Pour les édifices publics des départements et les principales villes........	149,000,000
Total........	1,005,000,000

Palais impériaux et travaux de la couronne.

Le Louvre s'achève; il coûtera 50 millions de francs, y compris la valeur des maisons à abattre; 21,400,000 francs sont dépensés.

Les Tuileries ont été dégagées de tous les bâtiments qui en obstruaient les abords; 6,700,000 francs y ont été employés.

Le palais du Roi de Rome est fondé en face du pont d'Iéna.

On répare Versailles; 5,200,000 francs y ont été dépensés.

La machine de Marly qui lui donne des eaux se remplace par une pompe à feu. La dépense sera de trois millions; on a fait 2,450,000 francs de travaux.

Fontainebleau et Compiègne sont restaurés ; 10 millions 600,000 francs y ont été dépensés.

Les palais de Saint-Cloud, de Trianon, de Rambouillet, de Stupinis, de Laken, de Strasbourg, de Rome, ont employé 10,800,000 francs.

Les diamants de la couronne, engagés à l'époque de nos troubles, ont été retirés ; des acquisitions pour les compléter ont été faites.

Le mobilier de la couronne, qui doit, conformément aux statuts, être de 30 millions, a été également complété.

Trente millions ont été employés en tableaux, en statues, en objets d'art et d'antiquité, qui ont été ajoutés à l'immense collection du Musée Napoléon.

Toutes ces dépenses ont été acquittées sur les fonds de la couronne et du domaine extraordinaire.

Travaux militaires.

Le soin d'assurer nos frontières n'a pas été un instant perdu de vue.

De grands travaux ont consolidé le système de défense du Helder, qui est la clef de la Hollande ; ils ont employé 4,800,000 francs. Cette place peut désormais être considérée comme inattaquable. Les forts Lasalle, de l'Écluse, Duquesne et Morland, qui défendent l'entrée du Zuyderzée, et les forts du Texel, peuvent se défendre pendant 60 jours de tranchée ouverte. Cette année ils acquerront les 90 jours de résistance qu'ils doivent avoir. Si ces travaux eussent été faits il y a quinze ans, la Hollande n'eût pas perdu deux flottes.

Les travaux qu'on a faits pour achever de creuser le bassin d'Anvers s'élèvent à 8,400,000 francs. C'est aujourd'hui une de nos plus fortes places.

Flessingue a été l'objet des soins de nos officiers du génie. Depuis 1809 nous y avons dépensé 11,300,000 francs. Cette place peut soutenir 100 jours de tranchée ouverte; plus de 6,000 hommes y ont des casemates à l'abri de la bombe. Il n'y avait rien en 1809.

Ostende a reçu de grandes améliorations. On a construit deux forts en pierre sur les dunes; on y a dépensé 4,000,000.

Le port de Cherbourg est maintenant renfermé dans une vaste enceinte, qu'une dépense de 13,700,000 francs a mise en état de soutenir un siége. Quatre forts sur les hauteurs ont été terminés au commencement de cette année.

Brest, Belle-Isle, Quiberon, la Rochelle, ont été améliorés; de nouveaux forts s'élèvent à l'île d'Aix, à l'île d'Oleron, à l'embouchure de la Gironde, à Toulon, aux îles d'Hyères, à la Spezzia, à Porto-Ferrajo.

Sur tous nos postes les batteries les plus importantes ont été fermées à la gorge par des tours voûtées à l'abri de la bombe et armées de canons.

Chaque année voit augmenter la force de Corfou. Des camps retranchés couvrent la place.

Du côté de terre, notre ligne de défense du Rhin a partout reçu un nouvel accroissement. Kehl est achevé. On a fait pour 5,700,000 francs d'ouvrage à Cassel, et à Mayence pour 3,800,000; à Juliers, à Wesel pour 4,700,000 francs.

Enfin les travaux d'Alexandrie, où l'on a dépensé 25 millions, ont continué à recevoir les mêmes améliorations.

Les places d'une moindre importance ont reçu les forts que réclamaient leurs besoins. Leur dépense a été de 71,000,000.

Travaux de la marine et des ports.

Les vastes projets que Sa Majesté a adoptés pour l'établissement de Cherbourg s'élèvent à 73,000,000. Un port creusé dans le roc, à 28 pieds de profondeur au-dessous des basses mers, recevra dans quelques mois nos vaisseaux de haut bord; 26,000,000 ont été dépensés.

La digue, qui rendra la rade aussi sûre contre les attaques de l'ennemi que contre l'action des tempêtes, et tous les édifices nécessaires à l'établissement d'un grand port, seront achevés avant dix ans.

Anvers n'avait aucun établissement maritime. Cette ville renferme aujourd'hui un arsenal où 20 vaisseaux de ligne se construisent à la fois, et un bassin à flot où mouille toute notre flotte; 42 vaisseaux de ligne y trouveraient dès à présent un asile commode et sûr. Ces travaux ont coûté 18,000,000.

Flessingue est rétabli; avec une dépense de 5,600,000 francs, on a reconstruit les quais et les magasins; le radeau de l'écluse, baissé de quatre pieds, a donné au bassin l'avantage qu'il n'eut jamais, de recevoir des vaisseaux de premier rang. Six vaisseaux peuvent entrer ou sortir dans une marée.

La nature a indiqué le Nieuw-Dypp pour être l'arsenal, le chantier et le port de la Hollande ; mais, bordé de mauvaises digues, privé de quais, il ne présentait aux vaisseaux qu'une station mal assurée. On y a fait des travaux pour 1,500,000 francs ; 25 vaisseaux de ligne pourraient aujourd'hui s'amarrer à quai, et y rester en sûreté. Dans trois ans les travaux du Nieuw-Dypp seront terminés.

Le port du Havre était rarement accessible à des frégates. Un banc de galets se renouvelait sans cesse à l'entrée du chenal. Une écluse de chasse a été construite, elle maintient la liberté de la passe. Les quais et les bassins se continuent. Le montant des travaux faits est de 6,300,000 francs. Dans deux ans les constructions seront achevées.

Une partie considérable du territoire qui couvre la plage de Dunkerque n'était qu'un marais ; son port était encombré ; 5,000,000 ont été destinés à construire une écluse à l'extrémité du chenal, et à assurer l'écoulement des eaux du marais ; 4,500,000 francs ont été dépensés ; 500,000 francs achèveront les travaux avant la fin de l'année.

L'envasement du chenal d'Ostende avait fait de grands progrès ; toutes les parties du port avaient souffert d'une longue négligence ; la belle écluse de Slikens avait besoin d'être rétablie ; 3,600,000 francs ont été employés à ces travaux. La construction d'une écluse de chasse assure la libre navigation du chenal.

Le port de Marseille, déjà très-étroit, devenait insuffisant par l'accumulation des vases ; 1,500,000 francs ont été dépensés.

Outre les grands projets que je viens de rappeler, 50,000,000 ont été distribués aux autres établissements maritimes, à Brest, à Rochefort, à Toulon, à Gênes, à la Spezzia, à Dieppe, à Calais, à Saint-Valery, à Bayonne, et à ce grand nombre de ports moins considérables qui couvrent toutes nos côtes.

Routes.

Dans les Alpes la route de Paris à Milan par le Simplon, celle de Paris à Turin par la Maurienne et le mont Cenis, celle de l'Espagne en Italie par le Genèvre, sont entièrement ouvertes. Ces routes ont coûté 22,400,000 francs. Les projets généraux étaient de 30,600,000 francs. La construction des hospices et quelques perfectionnements emploieront les 8,200,000 francs qui restent à dépenser.

La route de Lyon à Gênes par le Lantares a dépensé 1,800,000 francs, sur 3,500,000 francs qu'elle doit coûter.

Celle de Cézanne à Fénestrelles par le col de Sestrière deviendra le complément de la précédente; elle sera terminée en 1813; elle aura coûté 1,800,000 francs.

La route de Nice à Gênes coûtera 15,500,000 francs; l'emploi de 6,500,000 francs a déjà établi la communication de Nice à Wintimille et de Savone à Gênes; les 9,000,000 restant à dépenser termineront cette route, qui conduira de Marseille à Rome, sans quitter un climat doux et tempéré.

Dans les Apennins, la route de Savone à Alexandrie

est ouverte. Le projet général est de 4,000,000 ; on a dépensé 2,600,000 francs.

La route de Port-Maurice à Ceva, celle de Gênes à Alexandrie par le col de Giovi, celle de Gênes à Plaisance, celle de la Spezzia à Parme, communiquant toutes des bords de la mer dans l'intérieur de nos départements italiens, se construisent; les projets réunis s'élèvent à 13,600,000 francs ; il y a pour 3,000,000 de travaux faits. On ira de la Spezzia à Parme à la fin de cette année.

Aucune route ne conduisait de Bordeaux à Bayonne ; les sables des landes ne se franchissaient qu'avec des peines et des retards incalculables ; 8,000,000 ont été destinés à y construire une route pavée ; 4,200,000 francs de travaux ont été faits ; la route sera achevée en 1814 ; elle le serait actuellement si l'on avait découvert plus tôt les carrières de grès qui en assurent la bonne et solide construction.

D'Anvers à Amsterdam, des sables et des marais coupés de digues et de fossés rendaient les communications lentes et difficiles, lorsqu'elles n'étaient pas entièrement interceptées. Déjà les deux tiers de la route qu'il a fallu ouvrir sont pavés ; elle sera terminée en 1813. Sur 6,300,000 francs qu'elle doit coûter, on a dépensé 4,300,000 francs.

La route de Wesel à Hambourg n'existait pas il y a trois ans ; elle est ouverte partout, et terminée sur plusieurs points ; elle coûtera 9,800,000 francs. Déjà l'on a fait pour 6,000,000 de travaux. De Maestricht à Wesel aucun chemin constant n'était tracé dans les sables ; une route qui a coûté 2,100,000 francs est construite.

La route de Paris en Allemagne était à peine ébauchée entre Metz et Mayence ; 5,000,000 en ont fait une des plus belles routes de l'Empire.

Outre ces dépenses, 219,000,000 ont été employés depuis neuf ans à ce grand nombre de routes qui traversent l'Empire dans tous les sens, et dont chaque année voit améliorer la situation.

Ponts.

Douze millions ont été employés à la construction des ponts entièrement achevés de Verceil et de Tortone, sur la Sesia et sur la Scrivia, de Tours sur la Loire, de Lyon sur la Saône, près de l'archevêché ; et à celles de tous les ponts de la route de Lyon à Marseille, jadis si incertaine par les rivières et les torrents qui la traversent.

Deux grands ponts se construisent dans nos départements au delà des Alpes : celui de Turin, sur le Pô ; on y a dépensé 1,850,000 francs ; il doit en coûter 3,500,000 ; et le pont d'Ardissonne sur la Doire ; il sera achevé cette année. Sur 1,100,000 francs, 820,000 francs sont dépensés.

Une culée de plusieurs piles du pont de Bordeaux déjà construites garantissent une réussite entière ; elles ont coûté 1,000,000. Ce pont, jadis réputé impossible, coûtera 6,000,000.

Le pont de Rouen coûtera, avec les quais à rétablir, 5,000,000 ; 800,000 francs sont dépensés.

Le pont en pierre de Roanne, sur la route de Paris

à Lyon, a coûté 1,500,000 francs; on l'achèvera avec 900,000 francs.

Douze autres millions ont été employés à des ponts d'une moindre importance.

Canaux.

Le canal de Saint-Quentin a réuni le Rhône à l'Escaut, Anvers et Marseille, et a fait de Paris le centre de cette grande communication. Sa construction a coûté 11,000,000. La navigation de ce canal, souterrain sur trois lieues de son cours, est entièrement ouverte. Dans les huit premiers mois de l'année 1812, 756 bateaux chargés de charbon et 231 chargés de blé ont suivi cette route nouvelle, qu'ont fréquentée de mêmes les autres branches de commerce.

Le canal de la Somme, qui joindra celui de Saint-Quentin au pont de Saint-Valery, coûtera 5 millions ; on y a fait pour 1,200,000 francs de travaux.

Le canal de Mons à Condé, le débouché des riches houillères de Jemmapes dans l'Escaut, coûtera 5 millions ; 3,000,000 sont dépensés.

De nombreuses écluses ont été construites pour perfectionner la navigation de la Seine, de l'Aube, de la Marne. On continue cette amélioration, dont le projet s'élève à 15 millions ; 6 millions ont été employés. Parmi les écluses construites, celle du pont de l'Arche est remarquable par ses grandes dimensions.

Le canal Napoléon sera terminé dans quatre ans ; il joindra le Rhône au Rhin ; il coûtera 17 millions ;

10,500,000 francs sont dépensés : les fonds des 6 millions 500,000 francs restants sont créés et assurés.

Le canal de Bourgogne, communication importante entre la Saône et la Loire, entre le canal Napoléon et Paris, coûtera 24 millions ; 6,800,000 francs ont été employés jusqu'à la fin de 1812 ; les 17,200,000 francs de travaux à faire ont des fonds spéciaux, et seront achevés dans dix ans.

Bientôt on communiquera de Saint-Malo à l'embouchure de la Vilaine sans doubler la Bretagne. Le canal de la Rama sera terminé dans deux ans ; il coûtera 8 millions, dont 5 millions sont dépensés.

Le Blavet a été canalisé ; la navigation de la nouvelle ville de Napoléon (Pontivy), est en activité ; 500,000 francs qui restent à dépenser formeront, avec les 2 millions 800,000 francs de travaux faits, les 3 millions 300,000 francs, estimation générale du projet.

Les travaux du canal de Nantes à Brest viennent d'être entrepris ; ils coûteront 28 millions. Un million 200,000 francs sont dépensés.

Le canal de Niort à la Rochelle, utile au desséchement d'une contrée assez étendue, autant qu'à la navigation, coûtera 9 millions ; 1,500,000 francs ont été employés.

De semblables avantages sont attachés à l'exécution du canal d'Arles. Avec le port de Bouc, auquel il aboutit, il coûtera 8,500,000 francs ; 3,800,000 francs sont dépensés.

Un canal doit établir une navigation commode dans toute la vallée du Cher ; il rapprochera de la Loire des houillères et des forêts d'une difficile exploitation; il coûtera 6 millions; il y a pour 1,100,000 francs de dépenses faites.

Desséchements.

Les principaux desséchements entrepris administrativement sont ceux de Rochefort et du Cotentin; les projets sont de 11,500,000 francs. Les travaux faits ont coûté 5,600,000 francs. Rochefort surtout en a déjà recueilli de grands avantages.

Des travaux pour 5,800,000 francs ont rétabli les digues de l'Escaut et de Blankenberg; celles du Pô ont coûté un million; ces digues protégent des contrées entières contre l'invasion de la mer ou des fleuves.

La presqu'île de Perrache, qu'on avait destinée à l'agrandissement de Lyon, était couverte par les eaux de la Saône. L'exécution d'un projet qui coûtera 4 millions la mettra à l'abri de cet inconvénient. Deux millions ont été employés à la construction d'une levée de garantie et à commencer l'exhaussement du sol.

Outre les 67 millions employés aux travaux que je viens de parcourir, 55 millions ont été répartis à de nombreuses entreprises.

Travaux de Paris.

La capitale manquait d'eau circulant dans ses divers quartiers, de halles et de marchés, de moyens d'ordre et de police pour quelques-uns des principaux besoins de sa consommation.

Les rivières de Beuvronne, de Thérouenne et d'Ourcq seront conduites à Paris ; déjà la première y arrive. Trois fontaines principales versent continuellement ses abondantes eaux ; soixante fontaines secondaires les distribuent.

La réunion des eaux conduites à Paris alimentera le canal de l'Ourcq achevé sur presque tout son cours jusqu'au bassin de la Villette. De ce bassin une branche déjà creusée réunira ce canal à la Seine, prise à Saint-Denis. Une autre branche le réunira à la Seine près du pont d'Austerlitz.

Ces deux dérivations abrégeront la navigation de trois lieues de sinuosités que forme la Seine, et de tout le temps qu'exige le passage des ponts de Paris.

Ces travaux coûteront 38 millions ; ils seront achevés dans cinq ans. Les travaux faits sont de 19,500,000 fr. ; la ville de Paris fournit aux dépenses sur le produit de son octroi.

Cinq vastes bâtiments sont destinés à recevoir, à leur introduction dans Paris, tous les animaux destinés à sa consommation. Leur construction coûtera 13,500,000 fr. ; la moitié de cette somme est dépensée.

Une halle assez grande pour abriter 200,000 pièces de vin ou d'eau-de-vie coûtera 12,000,000 de francs. Le commerce jouit d'une partie de cette halle ; la dépense faite est de 4,000,000 de francs.

La coupole du marché aux grains vient d'être reconstruite en fer ; elle a coûté 800,000 francs.

Une halle aux comestibles occupera tout l'espace qui se trouve entre le marché des Innocents et la halle aux grains ; elle exigera 12,000,000 ; 2,600,000 francs ont payé les maisons que l'on démolit.

Tous les autres quartiers de Paris auront leurs marchés particuliers. Les constructions faites s'élèvent à 4 millions ; 8,500,000 francs sont nécessaires à l'exécution du projet général.

Les 46,800,000 francs que coûtera à la ville de Paris l'exécution des halles, des abattoirs et des marchés, lui produiront un revenu de près de 3,000,000 de francs, sans grever les denrées d'aucunes nouvelles charges. Les prix de location que payera le commerce des combustibles seront inférieurs à ce qu'il lui en coûte dans l'état actuel des choses.

La construction des greniers de réserve, celle des moulins et des magasins de Saint-Maur, compléteront le système des édifices relatifs aux approvisionnements de Paris.

Les greniers de réserve sont un objet de 8,000,000 de francs. On y a dépensé 2,300,000 francs.

Les moulins et les magasins de Saint-Maur coûteront une semblable somme de 8,000,000. Il y a pour 1,000,000 de travaux faits.

Les ponts d'Austerlitz, des Arts, de Jéna, rapprochent les quartiers de Paris que séparait la Seine ; ces constructions ont employé 8,500,000 francs. Le pont de Jéna exige encore pour 1,400,000 francs de dépenses accessoires.

Onze millions ont été employés à la construction des quais ; avec une dépense de 4 millions ils seront achevés sans interruption sur les deux rives de la Seine.

Cinq nouveaux lycées s'établissent; on a dépensé 500,000 francs en acquisitions. La dépense totale sera de 5,000,000.

L'église de Sainte-Geneviève, celle de Saint-Denis, le palais de l'archevêché et la métropole sont restaurés. Des 7,500,000 francs affectés à ces édifices, 6,700,000 francs sont dépensés; 800,000 francs termineront, cette année, tous les travaux.

L'on construit des hôtels pour le ministre des relations extérieures et pour l'administration des postes; les fondations sont achevées; elles ont coûté 2,800,000 francs; 9,200,000 francs forment le complément des projets.

Un palais où sera le dépôt des archives générales de l'Empire coûtera 20,000,000. Des approvisionnements pour un million ont été faits.

La façade du Corps législatif, la colonne de la place Vendôme, le temple de la Gloire, la Bourse, l'obélisque du pont Neuf, l'arc de triomphe de l'Étoile, la fontaine de la Bastille, les statues qui doivent décorer ces monuments coûteront 55,900,000 francs; 19,500,000 francs ont ou avancé ou terminé leur construction.

Une somme de 15 millions a été dépensée aux autres travaux de Paris.

Travaux divers des départements.

Dans les départements, les dépôts de mendicité et les prisons ont particulièrement fixé l'attention du gouvernement. Cinquante dépôts ont été construits et sont en activité; trente et un sont en construction; les projets de quarante-deux s'étudient. Sept départements paraissent jusqu'à présent ne pas en avoir besoin ; 12,000,000 ont été employés à ces travaux ; 17,000,000 sont encore nécessaires pour les achever.

Les prisons les plus importantes sont les maisons destinées à recevoir les condamnés à plus d'une année de détention.

Vingt-trois établissements de ce genre suffiront à tout l'Empire ; ils contiendront 16,000 condamnés. Onze de ces maisons sont en activité ; neuf sont près du terme de leur construction ; trois ne sont encore qu'en projet.

Lorsqu'elles seront terminées, les prisons ordinaires, les maisons de correction, d'arrêt et de justice, cesseront d'être encombrées ; elles pourront être plus facilement et plus convenablement distribuées.

Le nombre de ces dernières maisons est de 790 : 292 ont été restaurées ou se trouvent en bon état ; 291 sont à réparer ; 207 à reconstruire.

Les dépenses faites sont de 6,000,000 ; celles restant à faire de 24,000,000.

Douze millions 500,000 francs ont été affectés à la construction de la nouvelle ville de Napoléon, dans la Vendée, et à l'ouverture des routes qui y aboutissent. Sept millions 500,000 francs ont été dépensés.

Un million 800,000 francs de primes ont été accordés aux habitants de ce département et de celui des Deux-Sèvres qui reconstruiraient les premiers leurs habitations ; 1,500,000 francs ont été jusqu'à présent distribués.

Sur 3,600,000 francs que coûtera la restauration des établissements thermaux, ils ont déjà reçu 1,500,000 fr.

Il était essentiel de préserver de toute nouvelle dégradation les ruines de Rome ancienne. Ces travaux, ceux de la navigation du Tibre, et l'embellissement de la seconde ville de l'Empire, coûteront 6,000,000. Deux millions ont été réalisés.

Les 118 millions dépensés aux autres travaux des villes et des départements ont été employés à ce grand nombre d'édifices nécessaires à l'administration, au culte, à la justice, au commerce, qui, dans toutes nos cités, réclament les soins du gouvernement.

Tel a été l'emploi du milliard consacré aux travaux publics de tout genre depuis l'avénement de Sa Majesté, et des 80 millions qui ont complété le mobilier et augmenté les riches collections de la couronne.

485 millions ont été plus spécialement affectés à ces entreprises qui laissent de grands et durables résultats.

L'évaluation générale des projets de ce genre est de un milliard 61 millions; une somme de 576 millions sera encore nécessaire pour les terminer. L'expérience du passé nous apprend qu'un petit nombre d'années suffira.

Ces travaux, Messieurs, sont répandus sur toutes les parties de ce vaste empire. Délégués de tous les départements qui le composent, vous savez qu'aucune contrée n'est oubliée; ils vivifient la nouvelle France comme l'ancienne; Rome, les départements anséatiques, la Hollande, comme Paris et nos anciennes cités. Tout est également présent et cher à la pensée de l'Empereur; sa sollicitude ne connaît aucun repos tant qu'il reste du bien à faire.

Administration intérieure.

Les divers cultes ont reçu des marques d'intérêt et de protection. Des suppléments sur le trésor impérial ont été accordés aux curés au delà des Alpes qui n'avaient pas un revenu suffisant.

Le décret du 7 novembre 1811, en soumettant les communes au payement des vicaires qui leur sont nécessaires, a assuré la jouissance de la totalité de leur revenus et de leur traitement à d'anciens curés, que l'âge ou les infirmités mettent hors d'état de remplir leurs fonctions.

Des palais épiscopaux, des séminaires ont été achetés.

Tout est prêt pour l'organisation définitive des cultes réformé et luthérien dans le Nord; leurs pasteurs ont reçu des traitements provisoires.

Le nombre des procès civils a diminué sensiblement; leur jugement est plus prompt; les discussions sont moins embarrassées; c'est un des bienfaits de notre nouveau Code civil. Chacun désormais connaît ses droits et sait mieux quand et comment il peut les exercer.

Le gouvernement a reçu des plaintes sur les frais excessifs qu'occasionnent les honoraires des avocats et les salaires des officiers de justice. L'Empereur a donné au grand juge l'ordre de s'occuper des moyens de diminuer ces frais.

Les procès criminels sont plus sensiblement réduits encore que les procès civils. En 1801, la population était de 34 millions d'individus; cette année présentait 8,500 affaires criminelles, dans lesquelles 12,400 prévenus étaient impliqués. En 1811, une population de 42 millions n'a plus présenté que 6,000 affaires, dans lesquelles 8,600 prévenus étaient intéressés.

En 1801, 8,000 prévenus ont été condamnés; en 1811, 5,500. En 1801, il y a eu 882 condamnations à mort; en 1811, 392 seulement. Cette diminution a été progressive chaque année; et, s'il était besoin de prouver davantage l'influence de nos lois et de notre prospérité sur le maintien de l'ordre public, nous remarquerions que cette progression décroissante a lieu surtout dans les départements réunis, et devient plus grande à mesure que leur incorporation à la France devient plus ancienne.

L'administration des départements, celle des communes et des établissements de bienfaisance est active et surveillante; elle concourt avec zèle aux améliorations dont s'occupe le gouvernement.

Les caisses municipales sont tenues avec le même soin que celles de tous les autres comptables.

Huit cent cinquante villes ont plus de 10,000 francs de revenus; la majeure partie de leurs budgets de 1813 est arrêtée.

Instruction publique.

En 1809, le nombre des élèves des lycées n'était que de 9,500, dont 2,700 externes et 6,800 pensionnaires.

Aujourd'hui le nombre des élèves est de 18,000 dont 10,000 externes et 8,000 pensionnaires.

Cinq cent dix colléges donnent l'instruction à 50,000 élèves, dont 12,000 pensionnaires.

Dix-huit cent soixante-dix-sept pensions ou institutions particulières sont fréquentées par 47,000 élèves.

Trente et un mille écoles primaires donnent l'instruction de premier degré à 929,000 jeunes garçons. Ainsi 1,000,000 de jeunes Français reçoivent le bienfait de l'instruction publique.

L'école normale de l'Université forme des sujets distingués dans les sciences, dans les lettres, dans la manière de les enseigner. Ils portent chaque année dans les lycées les bonnes traditions, les méthodes perfectionnées.

Les trente-cinq académies de l'Université ont 9,000 auditeurs ; les deux tiers de ces élèves suivent les cours de droit et de médecine.

L'École polytechnique donne tous les ans aux écoles spéciales du génie, de l'artillerie, des ponts et chaussées et des mines, 150 sujets déjà recommandables par leurs connaissances.

Les écoles de Saint-Cyr, de Saint-Germain, de la Flèche fournissent tous les ans 1,500 jeunes gens pour la carrière militaire.

Le nombre des élèves des écoles vétérinaires est doublé. Les intérêts de l'agriculture ont dicté une meilleure organisation de ces écoles.

L'Académie de la Crusca de Florence, dépositaire du plus pur idiome de la langue italienne, l'Institut d'Amsterdam, l'Académie de Saint-Luc de Rome, ont reçu de nouveaux règlements et des dotations suffisantes.

Les travaux de l'Institut de France se continuent ; le

tiers de son Dictionnaire est fait, il peut être achevé dans deux ans; les recherches sur notre langue, sur notre histoire, occupent un grand nombre de ses membres.

Les traductions de Strabon et de Ptolémée honorent les savants utiles qui en ont été chargés. Le seizième volume du Recueil des Ordonnances des rois de France a été publié.

Marine.

La France a éprouvé, par les événements, des pertes très-grandes. Les meilleurs officiers de sa marine, l'élite des contre-maîtres et des équipages y ont péri.

Nos escadres, depuis cette époque, ont été montées par des équipages peu exercés. L'insuffisance de l'inscription maritime a été reconnue, et toutes les années, les moyens qu'elle offrait ont été décroissant, résultat inévitable de la constante supériorité de l'ennemi et de la destruction presque entière de notre commerce maritime.

Il n'y a plus eu moyen de se dissimuler qu'il fallait ou désespérer de la restauration de notre marine en temps de guerre, ou avoir recours à des mesures nouvelles. En prenant le premier parti, on eût agi comme l'a fait l'administration sous Louis XIV et Louis XV. Découragé par la défaite de la Hogue et par les suites de la guerre en 1758, à l'une et à l'autre époque on renonça à la marine; on cessa de construire, on porta les ressources des finances sur l'armée de terre et sur les autres départements. Mais les résultats de cet abandon furent bien funestes à la gloire et à la prospérité de la France.

Presque rien n'est possible à Brest, ou du moins tout

y est extrêmement difficile lorsque ce port est bloqué par une escadre supérieure.

La bonne administration des finances de l'Empire nous met en état de faire face aux dépenses qu'entraîne l'établissement d'une grande marine, et de satisfaire aux frais des guerres continentales; enfin, l'énergie de notre gouvernement, sa volonté ferme et constante étaient seules capables de lever les plus grands obstacles.

L'administration de la marine sentit pourtant la nécessité d'adopter un système fixe et calculé, qui fît marcher de front la création ou le rétablissement des ports, la construction des vaisseaux, et l'instruction des matelots.

Dans la Manche, la nature a tout fait pour l'Angleterre : elle a tout fait contre nous. Dès le règne de Louis XVI on avait senti l'importance d'avoir un port sur cette mer. Le projet de Cherbourg avait été adopté, et les fondements des digues avaient été jetés. Mais, dans nos temps de troubles civils, tous ces ouvrages, interrompus, s'étaient détériorés. Tout avait été remis en problème, jusqu'à la convenance du choix du local; et on demandait si l'on n'aurait pas mieux fait de préférer la Hogue à Cherbourg.

L'administration fixa ses regards sur ces importantes questions. La décision en faveur de Cherbourg fut confirmée, et on travailla sans délai à rehausser la digue pour abriter la rade.

Mais cette rade avait les inconvénients d'une rade foraine; le carénage des vaisseaux y était impossible ou difficile. L'administration ne s'arrêta ni à la dépense ni à la difficulté des localités, et on entreprit un port creusé dans le roc, pouvant contenir cinquante vaisseaux de guerre et des chantiers suffisants pour la construction d'une escadre.

Après dix ans de travaux, le succès a justifié toutes ces entreprises. Une escadre est sur le chantier de Cherbourg, et les bassins pourront recevoir cette année l'escadre la plus nombreuse. C'est beaucoup d'avoir satisfait au besoin senti depuis le combat de la Hogue, d'avoir un port dans la Manche; mais il n'était pas moins important d'avoir un port dans la mer du Nord et de pouvoir profiter des rades nombreuses et sûres de l'Escaut.

Le bassin de Flessingue, celui d'Anvers ont coûté bien des millions. Vingt vaisseaux peuvent être construits à la fois dans les chantiers d'Anvers, et plus de soixante trouver un abri dans les ports d'Anvers et de Flessingue.

L'administration sentit qu'il n'y avait dans la Hollande qu'un seul port, un seul chantier, un seul remède à tous les inconvénients des localités; et elle porta les forces maritimes de la Hollande au Nieuw-Dypp. Quoique ce projet n'ait été conçu que depuis deux ans, nous jouissons déjà de tous ses avantages, et par ce moyen un nouveau port se trouve être en notre pouvoir à l'extrémité de la mer du Nord.

Les ingénieurs de l'armée de terre ont poussé les travaux avec la plus grande et la plus louable activité. Le Helder, Flessingue, Anvers et Cherbourg sont dans une situation telle, que nos escadres y sont à l'abri de toute insulte et peuvent donner à nos armées de terre le temps d'arriver à leur secours, fussent-elles au fond de l'Italie ou de la Pologne. Ce que l'art pouvait ajouter aux avantages naturels de Brest et de Toulon avait été fait par l'ancienne administration.

Il n'en était pas de même de l'embouchure de la Charente. La rade de l'île d'Aix n'était pas propre à contenir un grand nombre de vaisseaux. L'administration a senti le besoin d'avoir un abri plus sûr dans la mer de Gascogne.

La rade de Saumouard a été reconnue et fortifiée. Les rades de la Gironde l'ont été également, et une communication intérieure pour les plus grands vaisseaux a été perfectionnée, de sorte que les rades de l'île d'Aix, du Saumouard, de Talemont et les rades de la Gironde forment, pour ainsi dire, un même port.

Après Toulon, la Spezzia est le plus beau port de la Méditerranée. Des fortifications du côté de terre et du côté de mer devenaient nécessaires pour y mettre nos escadres en sûreté. Ces fortifications offrent déjà une résistance convenable.

Ainsi, à peine six ans se sont écoulés depuis que le système permanent de guerre maritime a été arrêté, que les ports du Texel, de l'Escaut, de Cherbourg, de Brest, de Toulon et de la Spezzia sont assurés et offrent sous le point de vue maritime et militaire toutes les propriétés désirables.

En même temps qu'on construisait et qu'on fortifiait les ports, on pensa à établir des chantiers pour construire des vaisseaux. Sous l'ancienne dynastie nous étions réduits à moins de vingt-cinq.

Brest pouvait tout au plus offrir les moyens de radoub. On dut renoncer à tout projet de construction, ou établir sur l'Escaut un chantier où 20 vaisseaux à trois ponts de 80 et de 74 pussent se construire à la fois. Ce chantier, approvisionné par le Rhin et la Meuse, et par tous les affluents du continent de la France et de l'Allemagne, est constamment pourvu abondamment et à bon marché.

On reconnut la possibilité de construire sur les chantiers d'Amsterdam et de Rotterdam des frégates et des vaisseaux de 74, de notre modèle, en attendant que les chantiers et les établissements fussent formés sur Nieuw-Dypp.

Sur les chantiers de Cherbourg on construit des vaisseaux à trois ponts de 80 et de 74.

On construit des vaisseaux à Gênes et à Venise, profitant ainsi de toutes les ressources de l'Albanie, de l'Istrie, du Frioul, des Alpes Juliennes et des Apennins.

Les chantiers de Lorient, de Rochefort et de Toulon continuent à avoir l'activité dont ils sont susceptibles, et d'employer tous les matériaux que leur offrent les bassins des rivières destinées à les alimenter.

En peu d'années, nous serons arrivés à avoir 150 vaisseaux, dont 12 à trois ponts, et un plus grand nombre de frégates.

La marine française, dans sa plus grande prospérité, n'a jamais eu plus de 5 vaisseaux à trois ponts.

Nous pouvons facilement construire et armer 15 à 20 vaisseaux de haut bord par an.

L'administration a donc réussi sous le point de vue des constructions; mais le plus difficile restait à faire.

On se demandait où trouver les matelots pour monter ces escadres. Des camps, des exercices forment en peu d'années une armée de terre ; mais où trouver de quoi remplacer des camps et des exercices pour les troupes de mer ?

L'administration conçut l'idée de recruter les armées navales de la même manière que l'armée de terre ; d'avoir recours à la conscription, sans abandonner les ressources que pouvait produire l'inscription maritime.

Les départements littoraux furent en partie exemptés de la conscription de l'armée de terre, et toute leur jeunesse fut appelée à la conscription maritime.

Les hommes de mer les plus expérimentés voulaient qu'on appelât cette conscription dès l'âge de dix à douze ans, prétendant qu'il était impossible de faire un homme de mer d'un homme formé.

Mais comment concevoir la possibilité d'entasser dans des vaisseaux 60 ou 80,000 enfants ?

Les dépenses qu'il fallait faire pour leur instruction pendant dix ans, mais surtout la consommation d'hommes, devenaient effrayantes.

On prit un terme moyen ; on appela à la conscription maritime les jeunes gens de seize à dix-sept ans. On pouvait espérer qu'après quatre ou cinq années de navigation, lorsqu'ils seraient parvenus à l'âge de vingt et un ou vingt-deux ans, on aurait des matelots habiles.

Mais comment faire naviguer un si grand nombre de jeunes gens, lorsque la mer nous était presque partout interdite ?

On construisit des flottilles. Cinq ou six cents bâtiments, bricks, chaloupes canonnières, goëlettes, naviguèrent sur le Zuyderzée, l'Escaut ; les rades de Boulogne, de Brest et de Toulon protégèrent et alimentèrent notre cabotage.

En même temps on arma nos escadres dans les ports de Toulon, de la Charente, de l'Escaut et du Zuyderzée. Les équipages, toujours consignés à bord, évoluant en présence de l'ennemi, ont rempli l'espérance qu'on en avait conçue. Les conscrits se sont formés. Les jeunes gens de dix-huit ans, après cinq années de navigation, ont aujourd'hui atteint leur vingt-troisième ou vingt-quatrième année, et servent dans les hautes manœuvres avec une agilité et une adresse remarquables ; et nos escadres évoluent avec autant de promptitude et de précision qu'à aucune époque de l'histoire de notre marine.

Depuis cinq ans que ce système a été adopté, 80,000 jeunes gens tirés de la conscription sont venus ainsi augmenter notre population maritime.

Il a fallu bien de la constance pour se résoudre à tous les sacrifices qu'un pareil système nous a coûtés.

Sur nos 100 vaisseaux, nous en avons aujourd'hui 65 armés, équipés, approvisionnés pour six mois, constamment en partance, appareillant tous les jours, et dans une situation telle, qu'aucun ne sait, au moment où on lève l'ancre, si c'est pour un exercice, ou pour une expédition lointaine.

L'Angleterre peut avoir le nombre de vaisseaux et de troupes de terre qu'elle voudra ; elle peut donner à son commerce la direction qui lui convient, mais nous prétendons rester dans les mêmes droits.

Il m'a paru, Messieurs, que le simple exposé de notre situation intérieure, appuyé sur des états et sur des chiffres, l'exposé de notre situation maritime, étaient suffisants pour faire comprendre l'immensité de nos ressources, la solidité de notre système, et les grâces que nous avons à rendre au gouvernement vigilant, dont les travaux sont constamment consacrés à tout ce qui est grand et utile à la gloire de l'Empire.

III

Budgets sous le Consulat et l'Empire.

1800............	600,000,000 fr.
1801............	545,000,000
1802............	503,000,000 [1]
1803............	589,000,000 [2]
1804............	700,000,000
1805............	680,000,000
1806............	689,095,913
1807............	720,000,000 [3]
1808............	772,744,445 [4]
1809............	786,740,214
1810............	795,414,093 [5]
1811............	954,000,000 [6]
1812............	1,030,000,000 [7]
1813............	1,150,000,000

[1] Les recettes atteignaient à peu près cette somme. On arrivait à l'équilibre. Les finances d'aucun État de l'Europe n'étaient dans un état aussi prospère, aussi peu onéreux pour le peuple. Avant la révolution, 25 millions d'habitants payaient annuellement plus au Trésor que ne payaient 30 millions d'hommes en 1802.

[2] Recettes et dépenses équilibrées. L'augmentation provient de ce qu'on employait des fonds assez importants aux grandes routes, à la

navigation intérieure, aux canaux, aux ports. Enfin, la guerre d'Angleterre qui éclata causa une augmentation de 35 millions; ce qui porta le budget de cette année à 624,530,000 francs.

³ L'augmentation était causée par la guerre, par de nouvelles liquidations de la dette, par le payement de 10 millions à la Caisse d'amortissement pour sa dotation, par l'augmentation du traitement des juges, etc., etc.

⁴ L'Empire avait alors 114 départements.

⁵ Les budgets de 1808, de 1809, de 1810, avaient été fixés à 740 millions. Ces fixations avaient été surpassées par suite des réunions de divers pays à l'Empire.

⁶ Les budgets de Rome, des provinces illyriennes, de la Hollande étaient compris dans ce chiffre. Depuis 1802, le territoire s'était augmenté de 15,000 lieues carrées, et la population de 15 millions d'individus.

⁷ Jusqu'à l'exercice de 1811, la marche des finances avait été régulière; les recettes et les dépenses étaient compensées, tout avait été apuré. A compter de 1812, toutes les prévisions furent renversées par les désastres de la guerre.

TABLE DES MATIÈRES.

	Pages.
L'IDÉE NAPOLÉONIENNE.	1
PRÉFACE.	13

CHAPITRE PREMIER.
DES GOUVERNEMENTS EN GÉNÉRAL.

Mouvement général du progrès. — Formes de gouvernements. — Leur mission. 15

CHAPITRE DEUXIÈME.
IDÉES GÉNÉRALES.

Mission de l'Empereur. — La liberté suivra la même marche que la religion. — Rétablissement de la monarchie et de la religion catholique. — Comment il faut juger Napoléon. 22

CHAPITRE TROISIÈME.
QUESTION INTÉRIEURE.

Tendance générale. — Principes de fusion, d'égalité, d'ordre, de justice. — *Organisation administrative*. — Ordre judiciaire. — Finances. — Établissements de bienfaisance, communes, agriculture, industrie, commerce. — Instruction publique. — De l'armée. — *Organisation politique*. — Principes fondamentaux. — Accusation de despotisme. — Du gouvernement militaire. — Réponse à ces accusations. 35

CHAPITRE QUATRIÈME.

QUESTION ÉTRANGÈRE.

Politique napoléonienne. — Les différents projets de l'Empereur. — Bienfaits apportés aux peuples. — Italie, Suisse, Allemagne, Westphalie, Pologne. — Ses vues sur l'Espagne................................. 119

CHAPITRE CINQUIÈME.

BUT OU TENDAIT L'EMPEREUR.

Association européenne. — Liberté en France....... 143

CHAPITRE SIXIÈME.

Cause de la chute de l'Empereur............. 154

CHAPITRE SEPTIÈME.

Conclusion............................. 158

PIÈCES A L'APPUI.

I. Lettre écrite par Napoléon au ministre de l'intérieur, au sujet des communes............. 165
II. Extrait de l'Exposé de la situation de l'Empire présenté au Corps législatif, dans la séance du 25 février 1813, par le comte Montalivet, ministre de l'intérieur....................... 171
III. Budgets sous le Consulat et l'Empire......... 212

www.ingramcontent.com/pod-product-compliance
Lightning Source LLC
Chambersburg PA
CBHW051917160426
43198CB00012B/1933